Sandro

Cuisine rapide

ÉLISA VERGNE

PHOTOS
PATRICK BOURDET

AVEC LA COLLABORATION DE PHILIPS APPAREILS DOMESTIQUES

HACHETTE

D1286394

SOMMAIRE

INTRODUCTION

Pour réaliser rapidement toutes vos recettes de pâtisserie, prévoyez quelques réserves de base dans votre placard : raisins secs, noix, noisettes, amandes, épices, sucre, chocolat et autres fruits vous seront toujours utiles.

La confection rapide d'un plat ou d'un repas peut se concevoir de diverses manières :

• Sans préparation du tout, ce qui implique l'emploi de plats tout prêts ou de conserves – et tel n'est pas notre propos.

• Avec un minimum de préparation et de cuisson, requérant au plus 30 mn avant de pouvoir passer à table, en excluant le simple et éternel steak-haricots verts, les pâtes arrosées d'une sauce en boîte ou les œufs au plat – car qui a besoin d'un recueil de recettes pour arriver à ce résultat ?

• Avec toujours un minimum de préparation et de cuisson, mais à programmer 24 heures ou 48 heures à l'avance pour permettre aux plats choisis de mariner, de refroidir, de glacer ou de prendre en gelée tout à loisir. Dans tous les cas, un gain de temps appréciable, joint au plaisir de réaliser et d'offrir des recettes savoureuses – puisque tel est le but de l'opération – ne peut être obtenu qu'avec une bonne organisation, simple au demeurant. Vous devez donc prévoir vos achats, veiller au contenu de vos placards et disposer d'un matériel adapté à tous vos besoins, et que vous aurez toujours à portée de main.

PRÉVOIR VOS ACHATS

Établissez vos menus et préparez des listes précises par catégories (crémerie, légumes, fruits, épicerie, etc.), vous permettant de couvrir trois jours ou plus, selon les cas, sans oublier d'y inclure tous les produits de base qui sont à remplacer.

VEILLER AU CONTENU DE VOS PLACARDS

Le terme de « placards » n'est plus aussi restrictif que par le passé ; il faut y adjoindre les « placards modernes » comme le congélateur, les produits longue conservation, etc. Vous devez donc toujours avoir à votre disposition, outre les produits que vous avez l'habitude d'employer couramment (farine, riz, pâtes, semoule, café, etc.), tous les produits de base nécessaires à la préparation de recettes variées : crémerie, épices et divers condiments, épicerie, alcools divers, conserves, produits congelés, confiserie. Pour cela, il est nécessaire de surveiller l'état des stocks. Dès qu'un produit est utilisé, pensez à l'inscrire sur vos listes pour le remplacer à la première occasion.

Ainsi, n'hésitez pas à faire des réserves de fruits confits, de noix de coco râpée, d'amandes et de noisettes en poudre : ces produits se conservent parfaitement plusieurs mois dans le bac à légumes du réfrigérateur.

Épices diverses, raisins secs, levure, chocolat, cacao, gélatine en feuilles ou en poudre (1 feuille équivaut à 1 cuillerée à café), peuvent être conservés sans problème et toutes ces petites réserves vous seront bien utiles un jour ou l'autre.

Ail semoule, échalote moulue, oignons déshydratés ne sont pas à dédaigner, pas plus que les coulis, les nappages pour tarte, le caramel liquide, les copeaux de chocolat, la va-nille en poudre, le pralin, le sucre vanillé et toutes les petites astuces destinées à vous simplifier la vie. Le vin blanc ou le cidre vendus en bouteilles de 25 cl évitent les pertes consécutives aux bouteilles de contenance normale, éventées ou aigries deux jours après avoir été débouchées.

Mais les autres alcools (eau-de-vie, porto, madère, cognac, etc.) se conservent plusieurs mois sans s'altérer. En revanche, lors de vos achats de produits frais, pensez à vérifier les dates limites d'utilisation et choisissez toujours les plus éloignées.

Les épices sèches et produits déshydratés en pots se gardent très longtemps même si vous n'en utilisez que peu à la fois. Mieux vaut toutefois les conserver à l'abri de la lumière.

PRÉPARER À L'AVANCE

Vous pouvez aussi confectionner en une seule fois une quantité importante d'une préparation que vous utilisez quotidiennement. Par exemple, réalisez une vinaigrette de base pour la semaine, conservez-la au réfrigérateur dans un récipient hermétique et personnalisez-la au moment de l'emploi avec du curry, de l'ail, des échalotes ou des fines herbes hachées.

UTILISER DES PRODUITS TOUT PRÊTS

Bon nombre de préparations vendues dans le commerce peuvent vous être d'un grand secours pour la cuisine quotidienne :

Les sauces surgelées, sous vide ou en boîte

Elles peuvent être utilisées telles quelles ou être la base d'autres préparations. La mayonnaise en pot, par exemple, peut vous permettre de réaliser en un temps record une sauce rouille, une sauce aux herbes, une sauce à l'ail, une sauce cocktail, et bien d'autres choses encore. Dans ce domaine des sauces, les potages en sachets ou en boîte sont une source fort intéressante : une bisque de homard en boîte à peine rallongée de crème fraîche et parfumée de cognac, un velouté aux asperges ou aux champignons en poudre délayé avec seulement la moitié de la quantité d'eau indiquée pour une soupe et enrichie de beurre ou de crème en constituent les meilleurs exemples.

Les poivrons rouges en boîte

Ils peuvent suppléer aux poivrons rouges frais qu'il faut faire griller pour les peler. Vous pouvez toutefois en faire griller plusieurs à la fois et les conserver ensuite quelques jours au réfrigérateur ou préparer le surplus en salade.

Les pâtes à tartes

Les diverses pâtes feuilletées, brisées, sablées, pâtes à pain ou à pizza déjà étalées, non surgelées, vous feront gagner un temps précieux. Faites des essais, puis fixez-vous sur une marque s'il y en a une qui remporte vos suffrages.

Les « aides » culinaires

Les fumets, fonds de veau, fonds de crustacés et courts-bouillons en poudre vendus en boîtes sont, quoiqu'un peu onéreux, des apports intéressants – sans parler des bouillons instantanés en cubes ou en tablettes, un peu moins fins.

Le concentré de tomate en tube

Ce conditionnement évite les pertes dues au dessèchement des boîtes que l'on n'utilise pas toujours entièrement : ainsi vous n'hésiterez plus à colorer d'une jolie touche rose une sauce ou une préparation un peu pâlotte.

Les moules en bocal

Déjà cuites et décoquillées, elles vous permettront de gagner vraiment beaucoup de temps.

La noix de coco solidifiée

Vous trouverez ce produit dans les épiceries asiatiques. On prélève au fur et à mesure la quantité de noix de coco souhaitée.
Le reste peut se conserver indéfiniment au réfrigérateur.

Les herbes aromatiques

Aneth, persil, et ciboulette, entre autres, attendent votre bon vouloir, sans s'altérer et déjà hachés, dans le congélateur.

Les légumes

Certains légumes vendus sous vide sont eux aussi déjà cuits, prêts à être réchauffés ou réduits en purée.

La crème fouettée

Si l'on trouve, depuis un certain temps, de la crème Chantilly (c'est-à-dire fouettée et sucrée), allégée ou non, on peut également se procurer sous la même forme de la crème fouettée nature que vous pouvez donc utiliser pour des préparations salées. Ce produit est particulièrement intéressant lorsque seules sont requises de petites quantités, ce qui vous évite du temps perdu, de la vaisselle et, parfois, une certaine déception, car il n'est pas possible de fouetter 2 cuillerées de crème dans un robot généralement prévu pour brasser des quantités plus importantes. Si vous prévoyez l'emploi de crème à fouetter, stockez de la crème U.H.T.

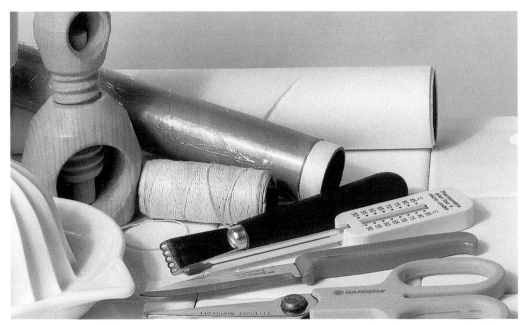

De bons couteaux d'office, des ciseaux robustes, un couteau-zesteur, un casse-noix pratique, ou encore du fil de cuisine sont quelques ustensiles d'usage courant dont il ne faut pas négliger la qualité. Gardez-les à portée de main, car ils vous permettront d'aller plus vite.

dans le réfrigérateur pour qu'elle soit bien froide au moment où vous souhaiterez l'utiliser, condition *sine qua non* de la réussite.

DISPOSER D'USTENSILES ADAPTÉS À TOUS VOS BESOINS

Votre batterie de cuisine ne doit pas être réduite au minimum sous prétexte que le temps vous manque : cela ne ferait que vous compliquer la tâche. Trois ou quatre casseroles de diamètres différents, munies de couvercles adéquats, une sauteuse, une ou deux poêles, de diamètres différents également, et un faitout à la taille de votre petite famille, sont indispensables.

• La marmite à pression (appelée Cocotte-Minute ou autocuiseur) peut vous venir en aide : certaines préparations beaucoup trop longues à cuire, comme une langue de veau ou de bœuf, par exemple, n'ont rien à y perdre, bien au contraire. Si vous n'avez pas de four à micro-ondes, vous pourrez aussi l'utiliser pour y faire décongeler et cuire des légumes surgelés : il suffit d'y placer ces légumes encore gelés avec un peu d'eau salée. Mais attention : il ne faut pas confondre la marmite à pression avec le cuit-vapeur (qui se présente comme un couscoussier) : celui-ci donne d'excellents résultats, mais la cuisson ne se faisant pas sous pression, il n'y a pas de gain de temps.

• Un plat à rôtir, composé d'un récipient rectangulaire en acier inoxydable ou en aluminium et d'une grille (ou d'une plaque perforée) permet de cuire les aliments sans qu'ils touchent le fond du récipient et donc qu'ils baignent dans leur jus.

• Une balance à portée de main vous sera précieuse, à moins que vous ne disposez d'un verre gradué, moins précis mais néanmoins d'une certaine utilité.

Dans la panoplie des ustensiles indispensables, un petit robot multi-fonctions permettant de hacher, mixer, râper, couper sera votre meilleur allié pour préparer rapidement crèmes, mousses, coulis et autres délicieuses purées.

• Munissez-vous de « bons » couteaux : deux couteaux d'office (petit couteau à lame courte) pour tailler les légumes, un couteau à découper, un couteau-scie et éventuellement un couteau à filets de sole (à lame souple et pointue).

• Passoires, spatules, cuillères en bois, écumoires font partie de la panoplie de base. Un bon tire-bouchon, un bon ouvre-boîtes, un décapsuleur, un épluche-légumes (appelé aussi couteau-économe) ont tous leur utilité.

• Une bonne paire de ciseaux est indispensable.

• Un certain nombre d'objets que d'aucuns qualifient de gadgets peuvent vous faciliter la tâche en épargnant votre patience et votre énergie : lever le zeste d'un citron ou d'une orange avec un simple couteau d'office et retailler ce zeste en lamelles fines exige patience et habileté tandis qu'avec un couteau zesteur, vous prélèverez en quelques secondes des lanières très fines. Plutôt qu'une râpe à muscade, utilisez un moulin à muscade que vous rangerez sur une étagère. De même, un presse-ail sera plus rapide, plus régulier et plus efficace. Un rasoir à légumes qui vous permet de retirer finement la peau des légumes est d'un maniement facile et agréable.

UTILISER LES APPAREILS MÉNAGERS

L'une des aides les plus importantes est certainement le robot.

• La première condition à respecter est peut-être qu'il ne soit pas trop sophistiqué car, si vous êtes toujours pressé (hélas), il vous faudra plus de temps pour le mettre en route avec le bon accessoire – que peut être vous allez chercher indéfiniment dans le fond d'un placard – et pour, ensuite, procéder au nettoyage, qu'il ne vous en aurait fallu pour exécuter la recette à la main.

• La seconde condition est tout simplement que ce précieux appareil des temps modernes soit toujours disponible, comme en train de vous attendre, voire de vous solliciter, sur l'un des plans de travail de votre cuisine, ou sur votre trajectoire. Vous pourrez alors sans souci hacher, mixer, mettre en purée, râper (gros ou fin), émincer en rondelles ou en bâtonnets. Ceci est valable même pour les modèles de base qui sont déjà très performants, peu encombrants et peu onéreux. À vous donc farces, sauces, crèmes, purées, mousses, coulis et petits légumes raffinés qui seront prêts en un clin d'œil, les multiples entrées pleines de vitamines, composées de légumes crus râpés.

• D'autres appareils plus sophistiqués sont munis de fouets batteurs, pétrisseurs ou encore de presse-agrumes et autres merveilles – qu'il vous faudra ranger astucieusement et apprendre à ranger aisément.

• Un mixeur plongeant vous permettra d'émulsionner les sauces, ou de réduire en purée fruits et légumes directement dans la casserole.

• Un batteur électrique, absolument indispensable, sera toujours prêt à battre un blanc d'œuf en neige, ou à monter une mayonnaise.

Enfin, le vieil adage « une place pour chaque chose et chaque chose à sa place » ne perdra jamais ses droits : toutes ces merveilles ne vous serviront à rien si vous ne savez pas les trouver facilement au moment voulu.

TABLEAU D'ÉQUIVALENCES

Le tableau d'équivalences ci-dessous vous permettra, si vous ne possédez ni balance ni récipient gradué, de mesurer les quantités d'ingrédients de base à l'aide d'ustensiles très simples : un verre à eau, une cuillère à café, une cuillère à dessert ou à entremets et une cuillère à soupe.

Contenants	Contenus					
	Liquides	Farine ou fécule	Sucre semoule	Huile	Beurre mou	Mayonnaise
1 grand verre à eau	20 cl	130 g	180 g	180 g	–	–
1 cuil. à soupe rase	1,25 à 1,5 cl	7 à 10 g	10 à 15 g	10 à 15 g	env. 10 g	env. 10 g
1 cuil. à dessert rase	0,75 cl	4 à 5 g	env. 7 g	env. 7 g	env. 6 g	env. 6 g
1 cuil. à café rase	env. 0,5 cl	env. 3 g	env. 5 g	env. 5 g	env. 4 g	env. 4 g
1/4 de litre (25 cl)	–	160 g	225 g	225 g	–	–

SALADES COLORÉES

SALADE DE MOULES À LA BÉARNAISE

Pour 4 personnes

Préparation : 10 min

Une portion contient environ : 268 kcal

Protides : 8 g • Lipides : 20 g • Glucides : 14 g

1 bocal (200 g poids net égoutté) de moules au naturel • 1/2 boîte de salsifis • 3 cuil. à soupe de sauce béarnaise en bocal • 1 cuil. à café de concentré de tomate • 1 cuil. à soupe de cognac • quelques gouttes de Tabasco • 1 cuil. à soupe de jus de citron • quelques feuilles de salade

1. Égouttez les moules en réservant 2 cuillerées à soupe de leur liquide. Rincez les salsifis à l'eau tiède et coupez-les en tronçons de 3 cm.
2. Mélangez le jus de moules réservé avec la béarnaise, le cognac, le Tabasco, le concentré de tomate et le jus de citron.
3. Tapissez une coupe avec les feuilles de salade, disposez les salsifis par-dessus, parsemez avec les moules et nappez de sauce.

SALADE VERTE, BLANCHE ET ROSE

Pour 4 personnes

Préparation : 15 min • Cuisson : 20 min

Une portion contient environ : 134 kcal

Protides : 8 g • Lipides : 6 g • Glucides : 12 g

1 tête de brocoli • 3 endives • 1 poivron rouge • 100 g de crevettes décortiquées • 2 cuil. à soupe de mayonnaise allégée • 2 cuil. à soupe de ciboulette hachée • 1/2 cuil. à café de sucre • 1 cuil. à dessert de vinaigre • sel

1. Faites griller le poivron sous le gril du four 10 min de chaque côté. Détachez le brocoli en bouquets. Faites-le cuire pendant 10 min au cuit-vapeur.
2. Coupez les endives en lanières dans la longueur. Pelez le poivron, retirez le pédoncule, les graines et les filaments blancs. Passez la pulpe au robot tout en ajoutant le sucre, le vinaigre, du sel et la mayonnaise.
3. Déposez le brocoli tiède sur un plat. Mettez au centre les lanières d'endive parsemées de ciboulette et des crevettes décortiquées. Servez avec la sauce à part.

SALADE DE CÉLERI COMTOISE

Pour 4 personnes

Préparation : 15 min

Une portion contient environ : 240 kcal

Protides : 15 g • Lipides : 16 g • Glucides : 9 g

1/2 céleri-rave • 1 tranche de jambon de Paris • 100 g de gruyère • 25 g de cerneaux de noix • 10 brins de ciboulette • 3 cuil. à soupe de mayonnaise allégée • 1 yaourt brassé • 1 cuil. à dessert de moutarde Savora

1. Coupez le céleri-rave en tranches et épluchez-le. Passez les tranches au robot muni de la râpe fine.
2. Mélangez la mayonnaise, le yaourt et la moutarde. Ajoutez le céleri et mélangez à la sauce.
3. Coupez le gruyère en dés. Taillez le jambon en bâtonnets. Cassez les cerneaux de noix entre vos doigts. Coupez la ciboulette avec des ciseaux. Ajoutez tous ces ingrédients au céleri au moment de servir.

En haut : salade de moules à la béarnaise.
Au milieu : salade de céleri comtoise.
En bas : salade verte, blanche et rose.

TERRE ET MER

BETTERAVE AU SAUMON FUMÉ
Pour 4 personnes
Préparation : 10 min
Une portion contient environ : 241 kcal
Protides : 12 g • Lipides : 17 g • Glucides : 10 g

1 betterave cuite de 400 g • 150 g de saumon fumé • 10 cl de crème liquide très froide • 2 cuil. à soupe de jus de citron • sel

1. Pelez la betterave et passez-la au robot muni de la râpe à gros trous. Coupez le saumon en lanières. Fouettez la crème. Salez-la légèrement, incorporez le jus de citron.
2. Disposez la betterave dans 4 assiettes. Déposez délicatement le saumon fumé par-dessus, surmonté d'un petit dôme de crème fouettée.

BOUCHÉES MARINIÈRE
Pour 4 personnes
Préparation et cuisson : 20 min
Une portion contient environ : 546 kcal
Protides : 30 g • Lipides : 34 g • Glucides : 30 g

4 bouchées en pâte feuilletée • les filets de 1 sole de 700 g • 8 noix de Saint-Jacques • 100 g de surimi • 1/4 boîte de champignons en morceaux • 2 jaunes d'œufs • 6 cuil. à café de fumet de poisson en poudre • 15 cl de vin blanc • 2 cuil. à soupe de cognac • 2 cuil. à soupe de crème • sel, poivre du moulin

1. Dans une casserole, mélangez le fumet, le vin blanc et 15 cl d'eau. Coupez les filets de sole en deux dans la longueur et formez un nœud avec chacun d'eux. Faites-les cuire dans la casserole 5 min à feu doux.
2. Rincez les coquilles Saint-Jacques et retirez le boyau noir. Coupez le surimi en morceaux. Dans une poêle antiadhésive, saisissez les coquilles Saint-Jacques 1 min de chaque côté. Faites chauffer 10 min les bouchées au four à 100 °C (th. 3).
3. Réservez les filets de sole et les coquilles Saint-Jacques. Versez le cognac dans la poêle et grattez à la spatule. Versez dans la casserole.
4. Ajoutez les champignons égouttés, la crème et les jaunes d'œufs. Laissez frémir. Salez, poivrez. Remettez les filets de sole et les coquilles Saint-Jacques dans la sauce. Ajoutez le surimi et répartissez la préparation dans les bouchées.

POIREAUX SAUCE MOUSSELINE
Pour 4 personnes
Préparation : 10 min • Cuisson : 10 min
Une portion contient environ : 314 kcal
Protides : 7 g • Lipides : 26 g • Glucides : 13 g

8 blancs de poireaux • 1 orange • 1 jaune d'œuf • 3 cuil. à soupe de lait concentré non sucré • 3 cuil. à soupe de Savora • 10 cl d'huile d'olive • sel, poivre du moulin

1. Nettoyez les blancs de poireaux. Faites-les cuire à la Cocotte-Minute avec 2 verres d'eau pendant 8 min à partir du chuintement de la soupape.
2. Lavez l'orange, râpez-en le zeste. Pressez le fruit. Dans un récipient profond, travaillez au mixeur plongeant la moutarde, le jaune d'œuf et le lait concentré. Ajoutez l'huile, 2 cuillerées à soupe de jus d'orange et le zeste. Salez, poivrez.
3. Disposez les blancs de poireaux dans un plat. Nappez la base d'un peu de sauce et présentez le reste dans une saucière. Servez tiède.

En haut : betterave au saumon fumé.
Au milieu : poireaux sauce mousseline.
En bas : bouchées marinière.

SAINT-JACQUES AUX PLEUROTES

Pour 4 personnes
Préparation et cuisson : 25 min
Une portion contient environ : 385 kcal
Protides : 26 g • Lipides : 25 g • Glucides : 14 g

16 noix de coquilles Saint-Jacques • 750 g de pleurotes • 50 g de lardons fumés maigres • 3 échalotes • 2 gousses d'ail • 5 cuil. à soupe de crème • 2 cuil. à soupe de madère • 2 cuil. à soupe d'huile • sel, poivre du moulin

1. Pelez les échalotes et l'ail, puis hachez-les séparément. Recoupez les lardons pour qu'ils soient très petits.
2. Dans une sauteuse à revêtement antiadhésif, faites blondir les échalotes et les lardons avec l'huile.

3. Coupez les pleurotes en lamelles épaisses dans le sens des fibres, et jetez-les au fur et à mesure dans la sauteuse. Ajoutez l'ail, mélangez et laissez cuire 10 min à feu assez vif.
4. Réduisez le feu sous les champignons, ajoutez le madère et 3 cuillerées à soupe de crème. Salez, poivrez et laissez mijoter de 5 à 10 min.
5. Rincez les coquilles Saint-Jacques et ôtez le petit boyau noir. Saisissez-les 1 min de chaque côté dans une poêle antiadhésive. Salez, poivrez et répartissez sur 4 assiettes.
6. Mettez le reste de la crème dans la poêle, laissez chauffer 1 min en grattant les sucs de cuisson avec une spatule en bois. Versez ce jus sur les coquilles Saint-Jacques. Servez avec les pleurotes à part.

FILETS DE DAURADE SAUCE CRABE

Pour 4 personnes
Préparation et cuisson : 15 min
Une portion contient environ : 329 kcal
Protides : 30 g • Lipides : 21 g • Glucides : 5 g

4 filets de daurade de 150 g chacun • 100 g de bâtonnets au crabe • 1 jaune d'œuf • 3 échalotes • 2 gousses d'ail • 50 g de beurre • 3 cuil. à soupe de crème • 15 cl de cidre sec • quelques gouttes de Tabasco • 1 cuil. à soupe de farine • sel

1. Pelez les échalotes et l'ail, puis hachez-les. Rincez le poisson, épongez-le, salez-le et poivrez-le de chaque côté. Farinez-le légèrement. Hachez les bâtonnets avec des ciseaux.
2. Faites fondre 30 g de beurre dans une casserole, faites-y blondir les échalotes et l'ail pendant 5 min, en remuant de temps en temps. Arrosez de cidre, mélangez, couvrez et laissez frémir quelques minutes.
3. Pendant ce temps, faites fondre le reste du beurre dans une grande poêle. Faites-y cuire les filets de daurade à feu moyen pendant 3 min de chaque côté.
4. Mélangez le jaune d'œuf avec la crème. Versez ce mélange dans la casserole, remuez et faites épaissir 2 ou 3 min sans laisser bouillir. Ajoutez les bâtonnets au crabe, du sel et un peu de Tabasco.
5. Disposez les filets de daurade sur un plat, nappez-les de sauce et servez chaud.

VARIANTES : *Vous pouvez utiliser des miettes de crabe en boîte et remplacer le cidre par du vin blanc.*

RAIE À LA MOUTARDE À L'ANCIENNE

Pour 4 personnes
Préparation et cuisson : 25 min
Une portion contient environ :
354 kcal
Protides : 35 g
Lipides : 14 g
Glucides : 22 g

- 4 portions de raie de 250 g chacune
- 4 pommes de terre
- 450 g d'épinards en branches surgelés
- 10 cl de crème
- 20 g de beurre
- 1 sachet de court-bouillon instantané
- 2 cuil. à soupe de moutarde à l'ancienne
- 1 cuil. à soupe de farine
- sel, poivre du moulin

VARIANTES : *Si vous ne souhaitez pas préparer une sauce blanche, faites épaissir 30 cl de court-bouillon avec 2 jaunes d'œufs avant d'y incorporer la crème et la moutarde.*
Vous pouvez aussi employer comme base de sauce un Brik (20 cl) de béchamel et y incorporer crème et moutarde.

1. Délayez le court-bouillon en suivant les instructions sur l'emballage. Plongez la raie dans ce liquide, couvrez et faites cuire 15 min à feu doux sans laisser bouillir.

2. Pendant ce temps, épluchez les pommes de terre et coupez-les en deux. Mettez-les avec les épinards dans le panier de la Cocotte-Minute avec 1 verre d'eau. Fermez et laissez cuire 10 min à partir du chuintement de la soupape.

3. Faites fondre le beurre. Ajoutez la farine et mélangez 1 min. Incorporez 30 cl du liquide de cuisson de la raie. Faites bouillir 3 min en remuant. Ajoutez la crème et la moutarde, mélangez et laissez frémir quelques min. Salez et poivrez.

4. Égouttez la raie, retirez les deux peaux et déposez-la sur un plat. Entourez-la des pommes de terre et des épinards, nappez de sauce et servez sans attendre.

TRUITES AU BEURRE ET AU FENOUIL

Pour 4 personnes
Préparation et cuisson : 20 min
Une portion contient environ :
423 kcal
Protides : 44 g
Lipides : 23 g
Glucides : 10 g

- 4 truites vidées de 225 g chacune
- 800 g de fenouil
- 3 oignons
- 1 citron
- 30 g de beurre
- 2 cuil. à café de pastis
- 1 cuil. à soupe d'huile d'olive
- 1 cuil. à soupe de farine
- sel, poivre du moulin

1. Ôtez les tiges et la base dure du fenouil. Coupez les bulbes en quatre et rincez-les. Gardez les feuilles vertes. Coupez les oignons épluchés en 4. Mettez-les avec les bulbes dans le panier de la Cocotte avec 1 verre d'eau. Laissez 10 min à partir du chuintement.

2. Rincez les poissons. Glissez quelques feuilles de fenouil à l'intérieur de chaque truite. Salez et poivrez les poissons, puis farinez-les légèrement. Faites fondre le beurre. Saisissez-y les truites et faites-les cuire 5 min de chaque côté.

VARIANTE : *Cette purée de fenouil se marie avec le cabillaud, la julienne, la rascasse et la plupart des poissons.*

CONSEILS : *Si vous n'avez pas de Cocotte-Minute, comptez 30 min de cuisson dans un cuit-vapeur.*
Pour réduire le temps de cuisson, coupez fenouil et oignons en tranches peu épaisses.

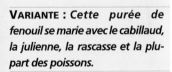

3. Passez le fenouil et les oignons au robot. Salez et poivrez. Ajoutez le pastis et l'huile, puis faites à nouveau fonctionner l'appareil. Versez la purée obtenue dans un légumier.

4. Coupez le citron en quatre. Hachez le reste des feuilles du fenouil. Faites glisser les truites sur un plat, entourez-les des quartiers de citron, parsemez-les avec les feuilles de fenouil hachées et de pignons de pin. Servez avec la purée à part.

HADDOCK À LA CRÈME DE POIREAUX

Pour 4 personnes
Préparation et cuisson : 20 min
Une portion contient environ : 379 kcal
Protides : 40 g • Lipides : 15 g • Glucides : 21 g

700 g de haddock • 800 g de blancs de poireaux • 2 cuil. à soupe de crème • 50 cl de lait • 20 g de beurre • 2 cuil. à soupe de jus de citron • 2 cuil. à soupe de moutarde • sel, poivre du moulin

1. Nettoyez les blancs de poireaux, coupez-les en lamelles fines et mettez-les dans le panier d'une Cocotte-Minute avec 1 verre d'eau. Fermez et laissez cuire 5 min à partir du chuintement de la soupape.

2. Dans une sauteuse, mélangez le lait avec 50 cl d'eau. Déposez-y le haddock et laissez cuire à feu doux pendant 12 à 15 min selon l'épaisseur du poisson.

3. Égouttez les poireaux, mettez-les dans une casserole avec le beurre, et mélangez à feu doux. Ajoutez la moutarde, la crème et le jus de citron. Mélangez et laissez mijoter pendant 5 à 10 min. Rectifiez l'assaisonnement en sel et en poivre, en tenant compte du fait que le haddock est bien salé.

4. Égouttez le haddock et retirez la peau. Versez la crème de poireaux dans un plat. Disposez le haddock par-dessus et servez.

CONSEIL : *Pour tailler les poireaux, utilisez le robot muni du disque éminceur.*

SAUMON GRILLÉ COULIS CORAIL

Pour 4 personnes
Préparation : 10 min • **Cuisson : 30 min**
Une portion contient environ : 437 kcal
Protides : 31 g • Lipides : 33 g • Glucides : 4 g

4 filets de saumon avec la peau de 150 g chacun • 1 poivron rouge • 3 cuil. à soupe de crème à 15 % • 40 g de beurre • 1 cuil. à soupe de vinaigre de vin • 1 cuil. à soupe d'aneth haché • 1/2 cuil. à café de sucre • sel, poivre du moulin

1. Faites griller le poivron sous le gril du four 10 min de chaque côté.
2. Faites fondre la moitié du beurre. Versez-le dans un plat supportant la chaleur, salez et posez par-dessus les filets de poisson, côté chair contre le plat.
3. Sortez le poivron du four et glissez le pois-son à 14 cm du gril. Laissez-le cuire jusqu'à ce que la peau noircisse et se boursoufle.
4. Pelez le poivron, retirez le pédoncule, les graines et les filaments blancs. Passez la pulpe au robot avec le sucre, du sel et le vinaigre. Poivrez légèrement et incorporez la crème. Faites réchauffer ce coulis à feu très doux ou au four à micro-ondes, puis incorporez le reste du beurre et l'aneth haché.
5. Retirez la peau du poisson et servez avec le coulis à part.

VARIANTE : *La partie du poisson qui se trouve contre le plat est moins cuite que le dessus : c'est ce contraste qui est recherché dans ce type de cuisson. Si vous préférez la même cuisson de chaque côté, faites cuire le côté chair 2 min sous le gril avant de mettre le beurre fondu dans le plat et de poursuivre la recette.*

POISSONS ET SAUCES

MAQUEREAUX GRILLÉS SAUCE RUBIS

Pour 4 personnes

Préparation : 10 min • Cuisson : 12 à 15 min

Une portion contient environ : 367 kcal

Protides : 27 g • Lipides : 27 g • Glucides : 4 g

**4 maquereaux vidés d'environ 225 g chacun •
125 g de betterave cuite • 2 cuil. à dessert de jus
de citron • 4 cuil. à soupe de moutarde de Dijon
• 2 cuil. à dessert d'huile d'olive • 2 pincées de
curry • 2 cuil. à dessert de crème • sel**

1. Allumez le gril du four. Rincez les maquereaux et essuyez-les. Salez l'intérieur. Entaillez les francs. Tartinez-les de moutarde.
Posez-les sur la grille d'un plat à rôtir et faites-
les cuire sous le gril à 12 cm pendant 6 à 8 min
de chaque côté.
2. Passez la betterave au robot avec le jus de
citron, l'huile, la crème, le curry et du sel
jusqu'à ce que vous obteniez une sauce
homogène. Faites-la réchauffer à feu très
doux. Servez avec les maquereaux grillés.

COLIN POCHÉ SAUCE MOUSSEUSE

Pour 4 personnes

Préparation et cuisson : 15 min

Une portion contient environ : 349 kcal

Protides : 22 g • Lipides : 29 g • Glucides : 0 g

**4 tranches de colin • 1 jaune d'œuf •1/2 citron •
10 cl d'huile de tournesol • 1 cuil. à soupe de
moutarde • 1 feuille de laurier • sel, poivre du
moulin**

1. Mettez le colin dans une sauteuse, couvrez
d'eau froide, salez, ajoutez la feuille de lau-

rier et faites chauffer doucement pendant 8 à
10 min, selon l'épaisseur des tranches.
2. Préparez la sauce : pressez le demi-citron.
Mettez le jaune d'œuf dans le bol du robot
avec la moutarde, 2 cuillerées à soupe de jus
de citron, du sel et du poivre. Faites fonctionner l'appareil tout en versant l'huile peu à
peu. Lorsque la mayonnaise est bien ferme,
ajoutez 3 cuillerées à soupe d'eau bouillante
tout en continuant à faire fonctionner l'appareil. Versez la sauce dans une saucière.
3. Égouttez le poisson, ôtez la peau. Servez
chaud sur un lit de salade avec la sauce à part.

ROUSSETTE À LA BISQUE DE HOMARD

Pour 4 personnes

Préparation et cuisson : 20 min

Une portion contient environ : 280 kcal

Protides : 37 g • Lipides : 12 g • Glucides : 6 g

**800 g de roussette coupée en 4 tronçons •
1 boîte (300 g) de bisque de homard • 3 cuil. à
soupe de crème • 1 cuil. à soupe de cognac •
1 pincée d'estragon haché • sel**

1. Rincez la roussette, essuyez-la et salez-la.
2. Mélangez dans une casserole la bisque de
homard, la crème, le cognac et l'estragon.
3. Plongez la roussette dans la sauce, couvrez
et faites cuire à feu doux sans laisser bouillir
de 12 à 15 min selon l'épaisseur du poisson.
Servez très chaud avec du riz, des pâtes, ou
des épinards par exemple.

En haut : maquereaux grillés sauce rubis.
Au milieu : colin poché sauce mousseuse.
En bas : roussette à la bisque de homard.

MULET À L'OSEILLE

Pour 4 personnes
Préparation et cuisson : 25 min
Une portion contient environ : 421 kcal
Protides : 54 g • Lipides : 21 g • Glucides : 4 g

1 mulet de 1,2 kg vidé et écaillé • 250 g d'oseille hachée surgelée en tablettes • 2 cuil. à soupe de crème épaisse • 1 sachet de court-bouillon instantané • 1/2 tablette de bouillon de volaille • 2 pincées de noix muscade • sel, poivre du moulin

1. Délayez tout le sachet de court-bouillon en suivant les instructions portées sur l'emballage. Plongez-y le poisson et faites-le cuire à couvert sans laisser bouillir pendant 20 à 25 min.

2. Pendant ce temps, mettez les tablettes d'oseille gelée dans une casserole avec 3 cuillerées à soupe d'eau. Faites décongeler à feu doux, puis ajoutez la demi-tablette de bouillon émiettée, la noix muscade râpée et la crème. Mélangez, laissez frémir, salez et poivrez.

3. Égouttez le poisson, retirez la peau, posez-le sur un plat, nappez-le de sauce et servez sans attendre.

POISSON AU CURRY EN COURONNE

Pour 4 personnes
Préparation et cuisson : 30 min
Une portion contient environ : 686 kcal
Protides : 43 g • Lipides : 34 g • Glucides : 52 g

800 g de filets de julienne ou d'empereur (béryx) • 3 oignons • 2 gousses d'ail • 25 cl de lait de coco • 1 cuil. à soupe de curry • 3 cuil. à soupe de concentré de tomate • 2 cuil. à soupe d'huile d'olive • 1/2 cuil. à café de sucre • 1 feuille de laurier • sel • POUR LA COURONNE : 200 g de semoule de couscous • 3 cuil. à soupe de raisins secs • 1 cuil. à soupe de pignons de pin • 30 g de beurre + 10 g pour le moule • sel, poivre du moulin

1. Pelez les oignons et l'ail. Coupez-les en morceaux et hachez-les au robot très finement.

2. Faites chauffer l'huile dans une poêle et faites-y blondir doucement la purée d'ail et d'oignon. Ajoutez le curry et mélangez. Arrosez avec le lait de coco, incorporez le concentré de tomate, puis ajoutez le laurier et le sucre. Mélangez, couvrez et laissez frémir 15 min.

3. Pour la couronne : faites fondre le beurre dans une poêle. Ajoutez la semoule et mélangez 2 min. Arrosez avec 35 cl d'eau. Salez et poivrez. Couvrez et laissez cuire 5 min à feu doux. Déposez les raisins sur la semoule. Couvrez, éteignez le feu et laissez gonfler 5 min.

4. Coupez le poisson en gros dés. Mettez-le dans la sauce frémissante. Salez, couvrez et laissez cuire entre 7 et 8 min.

5. Beurrez un moule en couronne. Ajoutez les pignons de pin à la semoule. Mélangez. Versez dans le moule. Tapez le moule deux ou trois fois contre la table. Couvrez d'aluminium et laissez reposer 5 min, jusqu'au moment de servir.

6. Démoulez la couronne sur un plat. Versez le curry de poisson au centre et servez chaud.

FILETS DE CANARD AUX PÊCHES FLAMBÉES

Pour 4 personnes
Préparation : 10 min • **Cuisson : 20 min**
Une portion contient environ : 440 kcal
Protides : 40 g • Lipides : 24 g • Glucides : 16 g

2 filets de canard de 350 g chacun • **1 boîte de
pêches au sirop** • **30 g de beurre** • **2 cuil. à soupe
de kirsch** • **1 cuil. à café de quatre-épices** • **1 cuil.
à café de cannelle** • **sel, poivre du moulin**

1. Allumez le gril du four. Entaillez la peau
des filets de canard en losanges. Salez-les et
poivrez-les, saupoudrez-les de quatre-épices.
Déposez-les sur la grille d'un plat à rôtir côté
chair au-dessus. Versez 1 verre d'eau au fond
du plat. Glissez-le à 15 cm du gril et faites
cuire pendant 8 min.

2. Égouttez les pêches. Faites-les chauffer à
feu doux dans une poêle avec le beurre. Salez,
poivrez et saupoudrez de cannelle.
3. Retournez les filets de canard et laissez-les
cuire encore 10 min.
4. Faites chauffer le kirsch, enflammez-le et
versez-le en flammes sur les pêches.
5. Coupez les filets en lamelles transversales
de 3 cm de large. Déposez-les sur un plat de
service, entourez-les des pêches et nappez-les
du jus de cuisson des pêches.

FILETS DE CANARD À LA MANGUE

Pour 4 personnes
Préparation et cuisson : 25 min
Une portion contient environ : 638 kcal
Protides : 43 g • Lipides : 26 g • Glucides : 58 g

2 filets de canard de 350 g chacun • 200 g de riz blanc et riz sauvage mélangés • 1 grosse mangue • 1 échalote • 1 lamelle de gingembre de 1/2 cm d'épaisseur • 3 cuil. à soupe de noix de coco déshydratée • 2 cuil. à soupe de raisins secs • 1 cuil. à dessert de miel • 1 cuil. à café de cinq-parfums • 1 cuil. à café de curry • 1 pincée de girofle en poudre • 1 cuil. à café de moutarde • 1 cuil. à café de sucre • 30 g de beurre • sel, poivre du moulin

1. Faites cuire le riz 20 min à l'eau salée.
2. Pendant ce temps, faites chauffer une poêle à revêtement antiadhésif. Salez et poi-vrez les filets de canard. Entaillez la peau en losanges. Saupoudrez les deux côtés de cinq parfums. Saisissez les filets côté chair 2 min à feu vif, retournez-les et faites-les cuire côté peau contre la poêle 15 min à feu moyen.
3. Coupez la mangue de chaque côté du noyau, pelez-la et coupez la chair en dés.
4. Épluchez l'échalote et hachez-la. Faites-la blondir 3 min avec 10 g de beurre dans une casserole. Ajoutez la noix de coco, le curry, le sucre et le girofle. Mélangez, arrosez avec 15 cl d'eau. Salez. Ajoutez la mangue et lais-sez cuire à découvert 10 min. Ajoutez alors la moutarde et laissez cuire encore 3 min.
5. Allumez le gril du four. Pelez le gingembre et passez-le au presse-ail. Badigeonnez les filets de canard côté peau avec le miel et le gingembre, glissez-les sous le gril et laissez chauffer 2 min.
6. Incorporez les raisins et 20 g de beurre au riz. Versez-le sur un plat. Déposez les filets de canard coupés en aiguillettes par-dessus, et servez avec la mangue et sa sauce à part.

BLANCS DE POULET À LA TEXANE
Pour 4 personnes
Préparation et cuisson : 20 min
Une portion contient environ : 416 kcal
Protides : 28 g • Lipides : 24 g • Glucides : 22 g

4 blancs de poulet de 125 g chacun • 1 boîte (300 g) de maïs • 4 tranches d'ananas au pur jus d'ananas • 4 pincées d'échalote semoule • 1 cuil. à soupe de rhum • 2 cuil. à soupe de crème liquide • 4 pincées de noix muscade • quelques gouttes de Tabasco • 2 cuil. à soupe d'huile d'olive • sel, poivre du moulin

1. Salez et poivrez les deux faces des blancs de poulet. Râpez un peu de noix muscade sur chaque face.
2. Faites chauffer l'huile dans une sauteuse à revêtement antiadhésif. Faites-y blondir à feu vif les deux côtés des blancs de poulet. Saupoudrez d'échalote semoule et laissez dorer chaque côté pendant encore 1 min. Réduisez le feu.
3. Mélangez 4 cuillerées à soupe de jus d'ananas, le rhum et le Tabasco. Versez sur les blancs, ajoutez la crème et couvrez. Laissez mijoter 10 min à feu doux.
4. Ajoutez les tranches d'ananas et le maïs après 5 min de cuisson et laissez-les chauffer. Servez sans attendre.

ÉCHINE DE PORC AU PARMESAN
Pour 4 personnes
Préparation : 5 min • Cuisson : 25 à 30 min
Une portion contient environ : 441 kcal
Protides : 25 g • Lipides : 37 g • Glucides : 2 g

4 côtes de porc taillées dans l'échine • 40 g de parmesan • 2 cuil. à soupe de crème liquide • 20 g de beurre pour le plat • sel, poivre du moulin

1. Préchauffez le four à 170 °C (th. 5).
2. Beurrez un plat à gratin. Salez et poivrez les côtes, entaillez légèrement le tour pour qu'elles ne se recroquevillent pas à la cuisson.
3. Rangez les côtes les unes à côté des autres dans le plat, saupoudrez-les de parmesan et arrosez-les de crème. Faites cuire au four pendant 25 à 30 min selon l'épaisseur des morceaux. Servez sans attendre avec des brocolis cuits à la vapeur.

CUISSES DE POULET AU GRATIN
Pour 4 personnes
Préparation : 5 min • Cuisson : 30 min
Une portion contient environ : 312 kcal
Protides : 36 g • Lipides : 16 g • Glucides : 6 g

4 cuisses de poulet • 4 cuil. à soupe de moutarde • 40 g de gruyère râpé • 2 cuil. à soupe de chapelure • sel, poivre du moulin

1. Faites chauffer le gril du four. Salez et poivrez les cuisses de poulet. Déposez-les sur la grille d'un plat à rôtir et faites-les cuire à 15 cm du gril 10 min de chaque côté.
2. Tartinez l'une des faces des cuisses de poulet avec la moitié de la moutarde. Parsemez avec la moitié du gruyère et de la chapelure et laissez dorer 5 min sous le gril.
3. Retournez les cuisses, tartinez l'autre face de moutarde, parsemez avec le reste du gruyère et de la chapelure et laissez dorer encore 5 min. Servez brûlant.

En haut : cuisses de poulet au gratin.
Au milieu : échine de porc au parmesan.
En bas : blancs de poulet à la texane.

ESCALOPES CORDON BLEU

Pour 4 personnes
Préparation et cuisson : 20 min
Une portion contient environ : 437 kcal
Protides : 32 g • Lipides : 33 g • Glucides : 3 g

**4 escalopes de veau • 2 grandes tranches fines
de jambon cru • 4 tranches de fromage à fondre
• 2 cuil. à soupe de crème • 20 g de beurre •
2 cuil. à soupe de kirsch • 1 cuil. à soupe d'huile
• sel, poivre du moulin**

1. Poivrez les escalopes. Faites chauffer l'huile
dans une grande poêle, ajoutez le beurre et,
lorsqu'il est fondu, faites-y blondir les escalopes 3 min de chaque côte à feu moyen. Puis
réduisez le feu et laissez cuire encore tout
doucement 3 min sur chaque face.

2. Allumez le gril du four. Salez un côté des escalopes. Posez-les sur un plat à four, côté salé
contre le plat. Déposez sur chaque escalope
une demi-tranche de jambon, puis une tranche de fromage. Glissez le plat sous le gril et
laissez le fromage fondre 3 ou 4 min.

3. Jetez la graisse de la poêle. Versez-y le
kirsch et la crème. Grattez avec une spatule et
laissez chauffer 1 ou 2 min. Salez et poivrez.
Versez sur les escalopes et servez.

CARRÉ D'AGNEAU GRILLÉ

Pour 4 personnes
Préparation : 10 min • Cuisson : 20 min
Une portion contient environ : 578 kcal
Protides : 28 g • Lipides : 46 g • Glucides : 13 g

2 carrés d'agneau de 8 petites côté chacun • 500 g de haricots verts surgelés extra-fins • 4 tomates fermes • 1 cuil. à soupe de ciboulette hachée • 3 cuil. à soupe d'herbes de Provence • 3 cuil. à soupe de semoule d'ail • 2 cuil. à soupe dé crème épaisse • 20 g de beurre • 1 grosse cuil. à soupe de moutarde Savora • 1/2 cuil. à café de sucre • sel, poivre du moulin

1. Dans une casserole d'eau bouillante salée, faites cuire les haricots verts 12 min sans couvrir.
2. Pendant ce temps, allumez le gril du four. Frottez les carrés d'agneau avec les herbes de Provence, salez et poivrez. Posez-les sur la grille d'un plat à rôtir.
3. Lavez les tomates, coupez-les en deux, ôtez-en les pépins, salez, poivrez, puis parsemez-les de semoule d'ail, de sucre et du beurre coupé en noisettes. Rangez-les autour de la viande. Glissez le plat le plus près, possible du gril et laissez cuire la viande 6 min. Retournez-la et laissez cuire encore 6 min. Retirez éventuellement les tomates avant la fin de la cuisson de la viande.
4. Égouttez les haricots verts, mettez-les dans une casserole avec la moutarde, la crème, la ciboulette, 3 ou 4 pincées de semoule d'ail et du poivre. Mélangez et laissez chauffer quelques minutes.
5. Déposez la viande sur un plat, entourez-la des tomates et servez avec les haricots à part.

CONSEIL : *Calculez le temps de cuisson de la viande en fonction de la taille des morceaux et de vos goûts : rosée ou à point.*

LÉGUMES DANS TOUS LEURS ÉTATS

GALETTE ARDÉCHOISE
Pour 4 personnes
Préparation et cuisson : 30 min
Une portion contient environ : 320 kcal
Protides : 6 g • Lipides : 16 g • Glucides : 36 g

750 g de pommes de terre • 50 g de lard fumé maigre • 1 cuil. à café d'échalote moulue • 2 pincées de semoule d'ail • 40 g de beurre • 1 cuil. à soupe d'huile • sel, poivre du moulin

1. Épluchez les pommes de terre, lavez-les soigneusement et passez-les au robot muni de la râpe moyenne. Coupez le lard en petits bâtonnets.
2. Faites chauffer l'huile dans une grande poêle antiadhésive. Ajoutez la moitié du beurre et faites blondir rapidement les lardons. Ajoutez les pommes de terre râpées, l'échalote et l'ail. Salez, poivrez, mélangez et tassez avec une spatule en bois. Laissez cuire 10 min à feu doux.
3. Faites glisser la galette sur un plat sans la casser. Faites fondre le reste du beurre dans la poêle et remettez la galette à cuire sur l'autre face pendant 10 min, toujours à feu doux. Servez sans attendre.

COURGETTES À LA CRÈME
Pour 4 personnes
Préparation et cuisson : 30 min
Une portion contient environ : 192 kcal
Protides : 3 g • Lipides : 12 g • Glucides : 18 g

800 g de courgettes • 10 cl de crème liquide • 2 cuil. à soupe d'aneth haché • 1/2 cuil. à café de semoule d'ail • 1 cuil. à soupe de jus de citron • 1 cuil. à soupe d'huile d'olive • 2 cuil. à soupe de farine • 1 cuil. à café de sucre • sel, poivre du moulin

1. Épluchez les courgettes, ôtez-en les extrémités et passez-les au robot muni de la râpe fine.
2. Dans une sauteuse antiadhésive, mélangez dans l'huile les courgettes râpées à feu moyen pendant 3 min. Arrosez de jus de citron, salez, poivrez, et ajoutez la semoule d'ail. Couvrez et laissez cuire pendant 10 min à feu doux.
3. Incorporez l'aneth aux courgettes, saupoudrez de farine, ajoutez la crème et le sucre, mélangez bien et laissez cuire encore 5 min. Servez chaud avec de la volaille ou du poisson poché.

COURGETTES AU PARMESAN
Pour 4 personnes
Préparation et cuisson : 25 min
Une portion contient environ : 134 kcal
Protides : 3 g • Lipides : 10 g • Glucides : 8 g

4 courgettes longues • 2 cuil. à soupe de parmesan râpé • 1 cuil. à soupe de semoule d'ail • 2 cuil. à soupe de jus de citron • 2 cuil. à soupe d'huile d'olive • sel, poivre du moulin

1. Épluchez les courgettes et coupez-les en deux dans la longueur.
2. Dans une grande poêle, faites blondir les courgettes 4 à 5 min dans l'huile, face coupée contre le récipient. Retournez-les, salez-les, poivrez-les, saupoudrez-les de semoule d'ail, couvrez et laissez cuire 10 min à feu doux.
3. Arrosez les courgettes de jus de citron, parsemez-les de parmesan, laissez cuire encore 2 min à couvert. Servez chaud avec de la volaille blanche grillé ou sautée.

En haut : courgettes à la crème.
Au milieu : courgettes au parmesan.
En bas : galette ardéchoise.

VERT ET BLANC

MOUSSELINE DE PETITS POIS
Pour 4 personnes
Préparation et cuisson : 5 min
Une portion contient environ : 93 kcal
Protides : 4 g • Lipides : 5 g • Glucides : 8 g

1/2 boîte de petits pois • 1/4 de boîte (125 g poids net) de pointes d'asperges • 20 g de beurre

1. Égouttez les petits pois. Égouttez également les asperges et rincez-les. Passez ces légumes ensemble au robot pour les réduire en purée.
2. Versez la purée dans une casserole et faites-la chauffer à feu doux. Ajoutez le beurre et servez.

ÉPINARDS À L'INDIENNE
Pour 4 personnes
Préparation et cuisson : 30 min
Une portion contient environ : 256 kcal
Protides : 7 g • Lipides : 20 g • Glucides : 12 g

800 g d'épinards frais • 4 oignons • 4 gousses d'ail • 1 cuil. à soupe de curcuma • 2 cuil. à café de coriandre • 2 cuil. à soupe d'amandes effilées • 3 cuil. à soupe de crème • 2 cuil. à soupe d'huile d'olive • 2 pincées de sucre • sel, poivre du moulin

1. Épluchez les oignons et coupez-les en rondelles fines. Pelez l'ail et hachez-le. Dans une grande sauteuse, faites blondir les oignons et l'ail avec l'huile. Lavez les épinards à grande eau et équeutez-les.
2. Ajoutez dans la sauteuse le curcuma et la coriandre, et mélangez 30 secondes.
3. Jetez-y les épinards par poignées, en attendant chaque fois que la poignée précédente ait perdu de son volume. Salez et poivrez. Ajoutez le sucre, mélangez bien, couvrez et laissez cuire 15 min à feu doux.
4. Faites griller les amandes dans une poêle antiadhésive. Incorporez la crème aux épinards. Versez dans un plat, et parsemez d'amandes.

GRATIN DE SALSIFIS
Pour 4 personnes
Préparation : 5 min • Cuisson : 25 min
Une portion contient environ : 309 kcal
Protides : 11 g • Lipides : 17 g • Glucides : 28 g

1 boîte de salsifis • 1/2 boîte de champignons en morceaux • 3 cuil. à soupe de couscous • 2 cuil. à soupe de parmesan râpé • 1 cuil. à soupe de persil plat haché • 2 cuil. à soupe de chapelure • 10 cl de crème liquide • 20 g de beurre + 10 g pour le plat • sel, poivre du moulin

1. Préchauffez le four à 200 °C (th. 6). Égouttez les salsifis et les champignons, puis rincez-les. Dans un bol, arrosez la semoule de couscous avec 10 cl d'eau. Salez.
2. Beurrez un petit plat à gratin. Versez-y les salsifis, les champignons, la semoule et le persil, puis mélangez. Poivrez. Arrosez de crème. Couvrez d'une feuille d'aluminium. Faites cuire au four 20 min.
3. Allumez le gril. Sortez le plat du four, ôtez l'aluminium, saupoudrez les légumes de chapelure et de parmesan, parsemez du beurre en noisettes, puis laissez dorer 3 ou 4 min sous le gril. Servez sans attendre.

En haut : mousseline de petits pois.
Au milieu : gratin de salsifis.
En bas : épinards à l'indienne.

SAVEURS ORIGINALES

TARTELETTES DE LÉGUMES
Pour 4 personnes
Préparation : 10 min • **Cuisson : 15 min**
Une portion contient environ : 163 kcal
Protides : 6 g • Lipides : 7 g • Glucides : 19 g

250 g de pommes de terre • 1 courgette • 1 carotte • 2 œufs • 1 cuil. à soupe de persil haché • 1 cuil. à soupe de cerfeuil haché • 15 cl de lait • 1 pincée de noix muscade • beurre pour les moules • sel, poivre du moulin

1. Préchauffez le four à 200 °C (th. 6).
2. Épluchez les pommes de terre, la courgette et la carotte. Passez-les au robot muni de la râpe fine.
3. Dans un grand bol, battez les œufs avec le lait. Salez et poivrez, puis ajoutez la noix muscade, les légumes râpés et les herbes. Mélangez bien la préparation.
4. Beurrez 4 moules à tartelette. Versez la préparation dans les moules. Faites cuire au four pendant 15 min. Servez tiède.

CONSEIL : *Vous pouvez aussi utiliser 450 g de julienne de légumes surgelée pour préparer ces tartelettes.*

PURÉE DE PAPAYES AU CURRY
Pour 4 personnes
Préparation et cuisson : 25 min
Une portion contient environ : 66 kcal
Protides : 0,5 g • Lipides : 4 g • Glucides : 7 g

2 papayes • 1 cuil. à café de curry • 30 g de beurre • sel

1. Coupez les papayes en deux et retirez les graines noires avec une cuillère. Pelez les demi-papayes et coupez-les en morceaux. Mettez-les dans une casserole avec 3 cuillerées à soupe d'eau, couvrez et laissez cuire 20 min à feu doux. Ajoutez un peu d'eau si cela paraît nécessaire.
2. Passez les papayes au robot pour les réduire en purée. Ajoutez le curry et le beurre. Salez. Faites fonctionner à nouveau l'appareil.
3. Servez chaud dans un plat creux.

PURÉE DU MARAÎCHER
Pour 4 personnes
Préparation et cuisson : 20 min
Une portion contient environ : 76 kcal
Protides : 4 g • Lipides : 0,5 g • Glucides : 14 g

500 g de céleri-rave • 300 g de chou frisé • 3 branches de persil plat • 1 cuil. à soupe de moutarde de Dijon • sel, poivre du moulin

1. Épluchez le céleri et coupez-le en tranches épaisses. Coupez le chou en morceaux. Mettez ces légumes dans le panier de la Cocotte-Minute avec 2 verres d'eau. Fermez et faites cuire 10 min à partir du chuintement de la soupape.
2. Lavez et séchez le persil, puis hachez-le grossièrement au-dessus du bol du robot. Ajoutez les légumes cuits et faites fonctionner l'appareil jusqu'à ce que vous obteniez une purée. Ajoutez la moutarde, du sel, du poivre, puis faites encore fonctionner l'appareil pendant quelques secondes. Servez chaud avec éventuellement un petit morceau de beurre frais.

En haut : purée du maraîcher.
Au milieu : tartelettes de légumes.
En bas : purée de papayes au curry.

TAGLIATELLES AU SAUMON FUMÉ

Pour 4 personnes
Préparation et cuisson : 10 min
Une portion contient environ : 469 kcal
Protides : 23 g • Lipides : 17 g • Glucides : 56 g

400 g de tagliatelles fraîches • 150 g de chutes de saumon fumé • 4 bâtonnets de poisson au crabe • 3 cuil. à soupe de crème liquide à 15 % • 2 cuil. à soupe d'aneth haché • 1 cuil. à soupe d'huile • sel, poivre du moulin

1. Faites bouillir une grande casserole d'eau salée. Plongez-y les pâtes, ajoutez l'huile et laissez cuire de 4 à 6 min selon les indications portées sur l'emballage.
2. Pendant ce temps, coupez le saumon en bâtonnets de 1/2 cm de large avec des ciseaux.
Coupez également les bâtonnets de poisson.
3. Égouttez les pâtes, mettez-les dans un plat creux, poivrez-les, ajoutez la crème, le saumon, les bâtonnets de poisson et l'aneth. Mélangez et servez sans attendre.

CONSEIL : *Les chutes de saumon sont vendues en vrac par certains poissonniers ou sous vide dans les grandes surfaces.*

ŒUFS POCHÉS CHÂTELAINE

Pour 4 personnes
Préparation et cuisson : 20 min
Une portion contient environ : 339 kcal
Protides : 11 g • Lipides : 23 g • Glucides : 22 g

4 œufs • 4 fonds d'artichauts surgelés • 500 g de carottes cuites à la vapeur sous vide • 1 Brik (20 cl) de béchamel • 10 cl de crème • 20 g de beurre • 1 pincée de noix muscade • 2 cuil. à soupe de vinaigre • sel, poivre du moulin

1. Faites cuire les fonds d'artichauts pendant 15 min dans une casserole d'eau bouillante salée.
2. Pendant ce temps, passez les carottes au robot pour les réduire en purée. Rectifiez l'assaisonnement, ajoutez la noix muscade et faites chauffer à feu doux.
3. Dans une petite casserole, faites réduire à feu doux la béchamel et la crème.
4. Faites bouillir de l'eau dans une casserole large, ajoutez le vinaigre. Cassez les œufs un à un dans une tasse et plongez-les au fur et à mesure dans l'eau frémissante. Laissez-les cuire 3 min, puis retirez-les avec une écumoire et posez-les délicatement sur du papier absorbant.
5. Égouttez les fonds d'artichauts. Ajoutez le beurre à la purée de carottes. Garnissez-en les fonds d'artichauts et étalez le reste sur un plat. Posez les fonds d'artichaut sur la purée. Déposez 1 œuf poché sur chacun, nappez de sauce, et servez.

CONSEIL : *Vous pouvez utiliser des fonds d'artichauts en conserve. Retirez alors les fibres du fond, puis faites-les réchauffer 5 min dans de l'eau chaude. Si vous utilisez de la purée de carottes surgelée, la présentation en tablettes décongèle plus rapidement que celle en boulets.*

POMMES DE TERRE À LA SAVOYARDE

Pour 4 personnes
Préparation : 15 min • Cuisson : 30 min
Une portion contient environ : 606 kcal
Protides : 25 g • Lipides : 38 g • Glucides : 41 g

750 g de pommes de terre • 200 g de lardons fumés • 1/2 reblochon • 2 oignons • 2 cuil. à soupe de crème fleurette • 20 g de beurre pour le plat • 1 cuil. à soupe d'huile • sel, poivre du moulin

1. Épluchez les pommes de terre, lavez-les soigneusement, coupez-les en deux, et mettez-les dans le panier de la Cocotte-Minute avec 2 verres d'eau salée. Fermez et laissez cuire 12 min. à partir du chuintement de la soupape.

2. Épluchez les oignons et coupez-les en rondelles fines. Faites-les blondir dans une poêle avec les lardons et l'huile.

3. Préchauffez le four à 220 °C (th. 7). Retirez la croûte du reblochon et coupez-le en deux. Égouttez les pommes de terre et coupez-les en rondelles épaisses. Beurrez largement un plat rond. Mélangez-y les pommes de terre, les oignons et les lardons, arrosez avec la crème et poivrez. Posez le fromage sur les pommes de terre, couvrez d'une feuille d'aluminium, et faites cuire 15 min au four. Mélangez le contenu du plat avec une fourchette et servez brûlant.

PIZZA MAISON

Pour 4 personnes
Préparation : 10 min • Cuisson : 25 min
Une portion contient environ : 588 kcal
Protides : 29 g • Lipides : 28 g • Glucides : 55 g

250 g de pâte à pain étalée • 150 g de fromage non affiné (brousse ou ricotta) • 8 saucisses cocktail • 1/2 boîte de champignons en morceaux • 4 œufs • 100 g de gruyère râpé • 1 cuil. à soupe d'oignons déshydratés • 1 cuil. à soupe d'estragon surgelé • 3 cuil. à soupe de crème • huile pour la plaque • poivre du moulin

1. Préchauffez le four à 220 °C (th. 7). Déroulez la pâte sur une plaque à pâtisserie légèrement huilée et relevez un peu le bord tout autour. Égouttez les champignons et rincez-les. Coupez les saucisses cocktail en deux dans la longueur.

2. Coupez le fromage en lamelles et recouvrez-en la pâte. Poivrez légèrement. Déposez régulièrement les champignons et les oignons pardessus, puis parsemez avec la moitié du gruyère. Saupoudrez d'estragon. Garnissez avec les demi-saucisses. Nappez de crème et terminez par le reste du gruyère. Faites cuire au four 20 min.

3. Cassez alors les œufs un à un dans une tasse et déposez-les sur la pizza. Laissez cuire encore 5 min jusqu'à ce que les œufs soient pris. Servez brûlant.

VARIANTE : *Vous pouvez remplacer les saucisses par des tranches de salami ou de chorizo, ou encore des lardons légèrement revenus à la poêle.*

LES FRUITÉS

GRATIN D'ABRICOTS AMANDINE
Pour 4 personnes
Préparation : 10 min • Cuisson : 25 min
Une portion contient environ : 558 kcal
Protides : 9 g • Lipides : 38 g • Glucides : 45 g

12 abricots • 2 œufs • 125 g d'amandes en poudre • 25 g de farine • 100 g de beurre mou + 10 g pour le moule • 100 g de sucre

1. Préchauffez le four à 200   C (th. 6). Lavez les abricots, ouvrez-les en deux et dé-noyautez-les. Beurrez un moule à tarte en porcelaine à feu.
2. Mettez le beurre, le sucre, la poudre d'amande, la farine et les œufs dans le bol du robot et faites fonctionner l'appareil jusqu'à ce que vous obteniez une crème.
3. Déposez les demi-abricots dans le moule et recouvrez-les avec la crème amandine. Faites cuire au four 25 min. Servez tiède ou froid.

DESSERT DE FLORENCE
Pour 4 personnes
Préparation : 10 min • Repos : 30 min
Une portion contient environ : 493 kcal
Protides : 11 g • Lipides : 10 g • Glucides : 97 g

20 à 24 boudoirs ou biscuits à la cuiller • 3 cuil. à soupe de confiture d'abricots • 3 cuil. à soupe de confiture de cerises • 3 cuil. à soupe de gelée de groseille • 3 cuil. à soupe de confiture de framboises • 2 cuil. à soupe de sucre • 3 cuil. à soupe de kirsch • 50 cl de crème anglaise

1. Mélangez 10 cl d'eau avec le sucre et le kirsch.
2. Trempez la face plate de quelques biscuits dans le mélange au kirsch et tapissez-en un petit moule à soufflé, côté bombé des biscuits contre le récipient, sans laisser de vide. Couvrez d'une couche de confiture d'abricots. Recouvrez d'une couche de biscuits trempés, puis de confiture de cerises, puis de biscuits trempés, puis de gelée de groseille, puis de biscuits trempes, puis de confiture de framboises. Terminez par une couche de biscuits trempés.
3. Posez une assiette surmontée d'un poids de 400 g sur le moule et laissez reposer 30 min. Démoulez et servez avec la crème anglaise.

FIGUES GLACÉES AU COULIS DE FRAMBOISES
Pour 4 personnes
Préparation : 10 min
Une portion contient environ : 300 kcal
Protides : 6 g • Lipides : 9 g • Glucides : 43 g

8 figues bien mûres • 1/2 litre de glace (vanille, plombière, framboise...) • 200 g de coulis de framboises • 100 g de groseilles rouges • 3 cuil. à soupe de Grand-Marnier

1. Égrappez les groseilles et faites-les macérer dans le Grand-Marnier.
2. Lavez les figues, équeutez-les et coupez-les en quatre. Préparez 4 coupelles et disposez 8 quartiers de figue dans chacune d'elles. Déposez 1 ou 2 boules de glace au centre.
3. Arrosez de coulis de framboises et parsemez des groseilles macérées.

En haut : gratin d'abricots amandine.
Au milieu : dessert de Florence.
En bas : figues glacées au coulis de framboises.

BOUQUETS DE FRUITS

CRÈME MOUSSEUSE AUX FRUITS
Pour 4 personnes
Préparation : 10 min
Une portion contient environ : 247 kcal
Protides : 6 g • Lipides : 15 g • Glucides : 22 g

100 g de fraises ou de framboises • 200 g de coulis de fraises ou de framboises • 20 cl de crème fleurette • 50 g de sucre glace • 200 g de fromage blanc

1. Mettez la crème fleurette très froide dans le bol du robot et faites fonctionner l'appareil jusqu'à ce que la crème soit mousseuse et épaisse.
2. Mélangez délicatement le coulis avec la crème fouettée, le fromage blanc et le sucre.
3. Versez la préparation dans une coupe et gardez au réfrigérateur jusqu'au moment de servir.
4. Piquez la mousse de fraises ou de framboises entières et servez.

CONSEIL : *Vous pouvez préparer vous-même le coulis en passant 250 g de fruits au robot puis au tamis. Sucrez selon votre goût.*

TARTE AUX PÊCHES À LA CRÈME D'AMANDE
Pour 6 personnes
Préparation : 15 min • Cuisson : 20 à 25 min
Une portion contient environ : 642 kcal
Protides : 10 g • Lipides : 40 g • Glucides : 58 g

230 g de pâte feuilletée étalée • 1 boîte de pêches au sirop • 3 jaunes d'œufs • 150 g d'amandes en poudre • 2 cuil. à soupe de kirsch • 75 g de beurre mou • 150 g de sucre

1. Préchauffez le four à 250 °C (th. 8-9). Égouttez les pêches.
2. Garnissez un moule à tarte de 26 cm de diamètre avec la pâte feuilletée. Piquez le fond avec une fourchette.
3. Faites cuire le fond de tarte au four pendant 20 min, puis baissez la température à 200 °C (th. 6) et laissez cuire encore de 10 à 15 min. Laissez tiédir.
4. Mettez le beurre, le sucre, les jaunes d'œufs, la poudre d'amande et le kirsch dans le bol du robot et faites fonctionner l'appareil pour obtenir une crème homogène. Étalez cette préparation sur le fond de tarte tiède. Déposez par-dessus les demi-pêches, face bombée vers le haut, en les enfonçant légèrement.

PROFITEROLES BELLE HÉLÈNE
Pour 4 personnes
Préparation et cuisson : 15 min
Une portion contient environ : 500 kcal
Protides : 4 g • Lipides : 24 g • Glucides : 62 g

16 chouquettes de pâtissier • 1/2 litre de sorbet à la poire • 1 bombe de crème Chantilly • 200 g de chocolat noir • 2 cuil. à soupe d'alcool de poire

1. Ouvrez les chouquettes. Garnissez-les de chantilly. Refermez-les.
2. Faites fondre à feu très doux le chocolat en morceaux dans 10 cl d'eau bouillante. Mélangez et ajoutez l'alcool de poire.
3. Disposez 4 chouquettes dans 4 assiettes. Déposez le sorbet au centre. Servez avec la sauce au chocolat chaude présentée dans une saucière.

En haut : tarte aux pêches à la crème d'amande.
Au milieu : crème mousseuse aux fruits.
En bas : profiteroles Belle-Hélène.

CRÈME MOUSSEUSE AU CARAMEL

Pour 6 personnes
Préparation et cuisson : 20 min •
Réfrigération : 30 min
Une portion contient environ : 248 kcal
Protides : 5 g • Lipides : 12 g • Glucides : 30 g

2 œufs + 2 jaunes • **50 cl de lait** • **10 cl de crème Chantilly** • **1 cuil. à soupe de fécule** • **3 cuil. à soupe de caramel au rhum en flacon** • **100 g de sucre** • **1 pincée de sel**

1. Faites bouillir le lait. Cassez les 2 œufs en séparant les blancs des jaunes. Dans une jatte, fouettez les 4 jaunes avec la moitié du sucre. Ajoutez la fécule, mélangez.

2. Versez le lait bouillant sur les jaunes d'œufs en remuant. Reversez dans la casserole et fai-tes cuire jusqu'au point d'ébullition. Retirez du feu, incorporez le caramel, mélangez bien et laissez refroidir en plongeant la casserole dans de l'eau froide.

3. Ajoutez 1 pincée de sel aux blancs d'œufs et battez-les en neige ferme. Incorporez-y le reste du sucre en continuant à battre. Mé-langez délicatement les blancs battus et la crème Chantilly à la crème au caramel froide. Laissez reposer au réfrigérateur pendant 30 min au moins, puis servez frais dans des coupes individuelles.

TARTE ANTILLAISE

Pour 6 personnes
Préparation : 20 min • Cuisson : 20 min
Une portion contient environ : 700 kcal
Protides : 6 g • Lipides : 45 g • Glucides : 65 g

POUR LA PÂTE : **3 œufs • 60 g de farine + 10 g pour le moule • 100 g de beurre + 20 g pour le moule • 60 g de fécule • 1 sachet de levure alsacienne • 100 g de pépites de chocolat • 3 cuil. à soupe de cacao • 75 g de sucre** POUR LA GARNITURE : **1 petite boîte (140 g poids net) de segments d'ananas • 100 g de noix de coco • 4 cuil. à soupe de rhum • 100 g de beurre mou • 100 g de sucre**

1. Préparez la pâte : faites fondre le beurre. Mélangez les œufs, le sucre, la farine, la fécule, la levure et le cacao. Ajoutez ensuite le beurre fondu et les pépites de chocolat.

2. Versez la pâte dans un moule à tarte de 24 cm de diamètre beurré et fariné. Enveloppez un autre moule à tarte de 20 cm de diamètre d'une feuille d'aluminium et beurrez l'aluminium sur le fond extérieur du moule. Posez-le au centre de la pâte et appuyez pour faire remonter la pâte tout autour et former un bord. Glissez dans le four froid, et faites cuire 20 min à 200 °C (th. 6).

3. Pendant ce temps, préparez la garniture : égouttez l'ananas. Ajoutez la moitié du rhum au jus d'ananas. Mettez le beurre, le sucre, la noix de coco et le reste du rhum dans le bol du robot, et faites fonctionner l'appareil jusqu'à ce que vous obteniez une pâte homogène.

4. Lorsque le gâteau est cuit, retirez le moule qui se trouve au-dessus. Démoulez-le sur une grille et laissez-le tiédir.

5. Arrosez la «tarte» avec le sirop d'ananas au rhum. Déposez les ananas sur le fond. Recouvrez avec la crème au beurre et à la noix de coco en formant des pics irréguliers.

DESSERTS D'ÉTÉ

MARASQUINADE

Pour 4 personnes

Préparation : 10 min • **Réfrigération : 30 min**

Une portion contient environ : 450 kcal

Protides : 9 g • Lipides : 22 g • Glucides : 54 g

250 g de fromage blanc lisse à 0 % • **200 g de macarons moelleux** • **2 cuil. à soupe de marasquin ou de kirsch** • **200 g de crème Chantilly en bombe** • **8 cerises confites**

1. Émiettez les macarons dans le bol du robot. Ajoutez le fromage blanc ainsi que l'alcool. Faites fonctionner l'appareil.

2. Mettez la préparation dans une jatte et laissez-la au réfrigérateur pendant 30 min au moins, jusqu'au moment de servir.

3. À la dernière minute, incorporez la crème Chantilly. Décorez avec les cerises.

VARIANTE : *Vous pouvez utiliser du fromage blanc à 40 %. Remplacez alors la moitié de la chantilly par 1 blanc d'œuf en neige sucré et vanillé.*

MELONS FARCIS

Pour 4 personnes

Préparation : 15 min

Une portion contient environ : 88 kcal

Protides : 2 g • Lipides : 0 g • Glucides : 20 g

2 melons • **6 petites fraises** • **2 abricots** • **2 pêches** • **1 cuil. à soupe de miel** • **3 cuil. à soupe de pineau des Charentes** • **1 cuil. à café de jus de citron**

1. Lavez les fraises et équeutez-les. Coupez-les en deux, arrosez-les de jus de citron.

2. Coupez les melons en deux. Retirez les graines et les filaments. Prélevez la chair avec une cuillère à racines en formant de petites boules.

3. Lavez les abricots et pelez les pêches. Dénoyautez-les et coupez-les en dés. Mettez tous les fruits dans une jatte.

4. Grattez les écorces de melon pour retirer toute la chair et passez celle-ci au robot avec le miel et le pineau. Arrosez les fruits de ce mélange.

5. Mettez les fruits et les écorces au réfrigérateur jusqu'au moment de servir. Remplissez les écorces avec les fruits au dernier moment.

NEIGE AUX FRUITS

Pour 4 personnes

Préparation : 10 min

Une portion contient environ : 152 kcal

Protides : 4 g • Lipides : 8 g • Glucides : 16 g

3 blancs d'œufs • **1 barquette de framboises** • **125 g de groseilles** • **10 cl de crème épaisse** • **3 sachets de sucre vanillé** • **1 cuil. à soupe de sucre**

1. Lavez les groseilles et égrappez-les. Saupoudrez-les de sucre.

2. Fouettez les blancs d'œufs en neige ferme, puis incorporez-y, toujours en fouettant, le sucre vanillé.

3. Ajoutez délicatement la crème aux blancs en neige, puis les groseilles. Répartissez cette neige dans quatre coupes individuelles.

4. Piquez les framboises au moment de servir.

CONSEIL : *Bottez les blancs en neige le plus tard possible pour éviter qu'ils ne rendent de l'eau.*

En haut : melons farcis.
Au milieu : neige aux fruits.
En bas : marasquinade.

RILLETTES AUX DEUX SAUMONS

Pour 8 personnes
Préparation et cuisson : 20 min
Réfrigération : 24 h
Une portion contient environ : 235 kcal
Protides : 17 g • Lipides : 17 g • Glucides : 1 g

600 g de filets de saumon frais • 150 g de saumon fumé • 125 cl de crème liquide • 1 cuil. à. soupe de cerfeuil haché • 1 cuil. à café d'estragon haché • 2 cuil. à soupe de vodka • 1 feuille de gélatine • 1 citron • sel, poivre du moulin

1. Mettez le saumon frais dans une casserole d'eau froide. Salez légèrement et faites cuire 10 min à petits frémissements. Égouttez le saumon, retirez la peau et les arêtes, défaites la chair à la fourchette et laissez refroidir.

2. Faites tremper la gélatine dans de l'eau froide. Pressez le citron. Coupez le saumon fumé en morceaux et passez-le au robot avec la crème, les herbes et la vodka. Poivrez.
3. Faites tiédir le jus de citron dans une petite casserole. Ajoutez la gélatine égouttée et mélangez sur feu doux jusqu'à totale dissolution.
4. Mélangez délicatement le saumon frais avec le contenu du robot et la gélatine. Mettez cette préparation dans une petite terrine et laissez au réfrigérateur pendant 24 h au moins. Servez frais.

CONSEIL : *Préparez ces rillettes 2 ou 3 jours à l'avance, pour que les parfums se mélangent bien.*

CHARLOTTE AU FROMAGE BLANC

Pour 6 personnes
Préparation : 20 min • Réfrigération : 6 h
Une portion contient environ : 105 kcal
Protides : 11 g • Lipides : 5 g • Glucides : 4 g

**300 g de fromage blanc • 3 blancs d'œufs •
1 concombre • 1/2 botte de radis • 100 g de
bâtonnets de poisson au crabe • 6 grosses
crevettes • 4 feuilles de gélatine • 4 cuil. à soupe
de jus de citron • 6 cuil. à soupe d'aneth haché •
10 brins de ciboulette • quelques gouttes de
Tabasco • sel**

1. Faites égoutter le fromage blanc dans une passoire. Épluchez le concombre, passez-le au robot muni de la râpe fine, mettez-le dans une autre passoire et poudrez-le de sel.
2. Faites tremper la gélatine dans un bol d'eau froide. Coupez les bâtonnets de poisson en petits morceaux avec des ciseaux. Coupez également la ciboulette. Faites tiédir le jus de citron dans une petite casserole. Ajoutez la gélatine égouttée et faites-la fondre en remuant.
3. Pressez le concombre entre vos mains pour en extraire le maximum d'eau. Dans une jatte, mélangez-le avec le fromage blanc, les bâtonnets de poisson, l'aneth, la ciboulette et le Tabasco. Ajoutez la gélatine et mélangez encore. Salez.
4. Ajoutez une pincée de sel aux blancs d'œufs et battez ceux-ci en neige très ferme. Incorporez-les délicatement à la préparation précédente. Versez dans un moule cannelé et laissez prendre environ 6 h au réfrigérateur.
5. Quelques minutes avant de servir, nettoyez les radis. Plongez le moule 10 secondes dans de l'eau chaude et retournez-le sur un plat. Entourez la charlotte avec les radis et les crevettes.

COLIN ROSE

Pour 4 personnes
Préparation : 15 min
Cuisson : 10 min
Réfrigération : 2 h

Une portion contient environ :
212 kcal
Protides : 18 g
Lipides : 12 g
Glucides : 8 g

- **500 g de colin**
- **2 poivrons rouges en boîte**
- **3 cuil. à soupe de mayonnaise allégée**
- **2 feuilles de gélatine**
- **1 cuil. à dessert de vinaigre de vin**
- **1/2 cuil. à café de sucre**
- **sel**

1. Mettez le colin dans une casserole d'eau froide salée et faites-le cuire à feu doux, sans laisser bouillir, pendant 10 min. Retirez la peau et les arêtes du poisson, défaites la chair avec une fourchette et laissez refroidir.

2. Faites tremper la gélatine dans un bol d'eau froide. Passez les poivrons rouges au robot pour les réduire en purée. Mettez cette purée dans une petite casserole avec le vinaigre, le sucre et 1 pincée de sel, puis faites-la tiédir.

3. Ajoutez la gélatine égouttée, mélangez jusqu'à ce qu'elle soit fondue. Laissez refroidir. Mélangez la mayonnaise à la purée de poivrons. Incorporez cette préparation au poisson.

4. Tassez le tout dans un moule à cake et laissez reposer 2 h au moins au réfrigérateur. Pour servir, retournez le moule sur un plat et démoulez en secouant.

CONSEIL : *Vous pouvez servir ce poisson froid avec un salade de tomates.*

SAUMON MARINÉ GRILLE

Pour 4 personnes
Préparation : 15 min
Cuisson : 10 min
Marinade : 2 jours
Une portion contient environ :
432 kcal
Protides : 33 g
Lipides : 28 g
Glucides : 12 g

- **1 morceau de saumon de 700 g pris au centre du poisson, en 2 filets avec la peau**
- **1 cuil. à soupe de moutarde blanche**
- **1 cuil. à soupe de moutarde Savora**
- **1 cuil. à soupe d'huile d'olive**
- **2 yaourts brassés**
- **1 cuil. à café d'aneth haché**

POUR LA MARINADE :
- **2 cuil. à soupe de xérès sec**
- **2 cuil. à soupe de sucre**
- **2 cuil. à soupe de poivre rose lyophilisé**
- **2 cuil. à soupe de sel fin**

1. Préparez la marinade : écrasez le poivre rose, mélangez-le au sel fin, au sucre et au xérès. Essuyez le poisson avec du papier absorbant. Versez le tiers de la marinade dans un plat creux à la dimension du poisson.

2. Posez 1 filet, côté peau au fond. Recouvrez-le avec la moitié du reste de la marinade. Posez par-dessus l'autre filet. Versez le reste de la marinade. Recouvrez d'aluminium. Recouvrez une planche avec un poids et laissez 2 jours au frais. Retournez chaque jour.

3. Le jour de la cuisson, égouttez le poisson et coupez chaque filet en 2 morceaux. Déposez le poisson dans un plat, côte chair au-dessus, mettez à 12 cm du gril et laissez 3 min. Retournez et laissez griller de 6 à 7 min jusqu'à ce que la peau noircisse.

4. Pendant ce temps, préparez la sauce : mélangez les 2 moutardes avec l'huile. Ajoutez les yaourts peu à peu, en remuant avec une fourchette. Ajoutez alors l'aneth haché. Ôtez la peau du poisson et servez avec la sauce à part.

CRÈME DE MORUE

Pour 4 personnes

Préparation : 10 min • **Cuisson : 20 min** •
Trempage : 12 h

Une portion contient environ : 445 kcal

Protides : 33 g • Lipides : 33 g • Glucides : 4 g

500 g de filets de morue • **1 Brik (20 cl) de
béchamel** • **10 cl de crème** • **2 gousses d'ail** •
2 cuil. à soupe de jus de citron • **10 cl d'huile
d'olive** • **sel, poivre du moulin**

1. Faites dessaler les filets de morue dans une
bassine d'eau froide pendant 12 h. Changez
l'eau une ou deux fois.

2. Égouttez la morue. Mettez-la dans une casserole d'eau froide, portez à ébullition, puis
réduisez le feu et laissez frémir 15 min.

3. Égouttez la morue et coupez-la en morceaux. Mettez le poisson dans le bol du robot.
Pelez l'ail, coupez-le en lamelles et ajoutez-le.
Faites fonctionner l'appareil pour réduire le
tout en purée, tout en incorporant l'huile peu
à peu.

4. Versez le contenu du robot dans une casserole. Ajoutez la sauce béchamel et la crème,
puis réchauffez quelques minutes en remuant
de temps en temps.

5. Au moment de servir, goûtez et rectifiez
l'assaisonnement en sel et en poivre. Ajoutez
le jus de citron. Servez très chaud, éventuellement avec des tartines de pain grillé ou dans
des croûtes de pâte feuilletée réchauffées à
four doux.

CONCOMBRE AU SAUMON

Pour 4 personnes
Préparation : 20 min • Marinade : 1 h •
Réfrigération : 3 h

Une portion contient environ : 237 kcal
Protides : 9 g • Lipides : 21 g • Glucides : 3 g

**1 petite boîte de saumon rose • 1 concombre •
2 tomates • 1 poignée d'olives noires • 1 cuil. à
soupe d'aneth haché • 1 cuil. à soupe de crème
épaisse • 2 feuilles de gélatine • 1 1/2 cuil. à
café de • 4 cuil. à soupe de vinaigre de vin blanc
• 3 cuil. à soupe d'huile • 1 cuil. à dessert de
moutarde de Dijon • quelques gouttes de
Tabasco • sel**

1. Épluchez le concombre et passez-le au robot
muni de la râpe fine. Presse-le entre vos mains
pour en extraire le maximum d'eau. Mettez-le
dans une jatte avec le vinaigre, du sel et
1 cuillerée à soupe d'huile. Laissez mariner 1 h.

2. Faites alors tremper la gélatine dans un bol
d'eau froide. Égouttez le concombre et faites
tiédir 3 cuillerées à soupe du liquide rendu.
Ajoutez la gélatine égouttée et mélangez
jusqu'à ce qu'elle soit fondue.

3. Égouttez et rincez le saumon, retirez la
peau et les arêtes. Mettez la chair dans le bol
du robot avec la gélatine fondue, 2 cuillerées
à soupe d'huile, la crème, le concentré de tomate, le Tabasco et la moutarde. Faites fonctionner l'appareil.

4. Mélangez la purée de saumon au concombre. Ajoutez l'aneth. Tassez la préparation
dans un moule en forme de poisson, si possible, et laissez 3 h au réfrigérateur.

5. Pour servir, pelez les tomates et coupez-les
en dés. Retournez le moule sur un plat long.
Coupez 1 rondelle d'olive pour figurer l'œil
du poisson. Disposez le reste des olives et les
dés de tomate autour du poisson.

TRUFFE GÉANTE
Pour 8 personnes
Préparation : 10 min • Réfrigération : 4 h
Une portion contient environ : 268 kcal
Protides : 3 g • Lipides : 18 g • Glucides : 21 g

250 g de chocolat amer • 1 blanc d'œuf • 10 cl de crème Chantilly • 100 g de beurre • 2 cuil. à soupe d'extrait de café • 2 cuil. à soupe de cognac • 1 cuil. à soupe de cacao • 1 pincée de sel

1. Faites fondre le chocolat avec le beurre et l'extrait de café. Mélangez bien, ajoutez le cognac et laissez refroidir. Ajoutez 1 pincée de sel au blanc d'œuf et battez-le en neige.
2. Incorporez la crème Chantilly à la crème de chocolat, puis ajoutez le blanc battu.
3. Versez le tout dans un bol, lissez la surface et laissez prendre 4 h au réfrigérateur. Démoulez sur un plat et saupoudrez de cacao.

CONSEIL : *Pour démouler facilement, garnissez le bol d'un film plastique en le laissant dépasser.*

LA CHÂTAIGNE
Pour 4 personnes
Préparation et cuisson : 15 min •
Réfrigération : 2 h
Une portion contient environ : 292 kcal
Protides : 3 g • Lipides : 25 g • Glucides : 45 g

125 g de chocolat noir • 150 g de crème de marrons • 1 blanc d'œuf • 125 g de beurre mou • 1 cuil. à café de vanille liquide • huile pour le moule • 1 pincée de sel

1. Cassez le chocolat en morceaux. Mettez-le dans une casserole avec la vanille et laissez-le fondre à feu très doux.

2. Travaillez le beurre jusqu'à ce qu'il ait la consistance d'une pommade. Ajoutez la crème de marrons, puis le chocolat fondu.
3. Ajoutez 1 pincée de sel au blanc d'œuf et battez-le en neige ferme. Incorporez-le délicatement à la préparation précédente.
4. Mettez le tout dans un moule cannelé ou dans une jatte légèrement huilée de 50 cl de contenance. Lissez la surface et laissez prendre 2 h au moins au réfrigérateur.
5. Pour servir, trempez le moule rapidement dans de l'eau chaude et démoulez.

BISCUIT GLACÉ
Pour 6 personnes
Préparation : 10 min • Réfrigération : 2 h
Une portion contient environ : 270 kcal
Protides : 4 g • Lipides : 6 g • Glucides : 47 g

16 biscuits à la cuiller • 1/4 de litre de sorbet au cassis • 1/4 de litre de glace à la vanille • 4 cuil. à soupe de sirop ou de crème de cassis

1. Laissez les glaces ramollir légèrement à température ambiante. Mélangez le sirop ou la crème de cassis avec la même quantité d'eau.
2. Tapissez le fond d'un moule à charlotte ou à soufflé de biscuits à la cuiller trempés dans le sirop au cassis. Recouvrez avec le sorbet au cassis, posez par dessus 1 couche de biscuits trempés, étalez la glace à la vanille. Terminez par 1 couche de biscuits trempés. Laissez reposer 2 h au congélateur.
3. Pour servir, démoulez le biscuit sur un plat.

En haut : biscuit glacé.
Au milieu : truffe géante.
En bas : la châtaigne.

MOUSSE DE FRUITS ROUGES

Pour 4 personnes
Préparation et cuisson : 15 min •
Réfrigération : 6 h
Une portion contient environ : 209 kcal
Protides : 3 g • Lipides : 5 g • Glucides : 38 g

200 g de coulis de fraises • **200 g de coulis de framboises** • **2 cuil. à soupe de gelée de groseille** • **2 blancs d'oeufs** • **4 feuilles de gélatine** • **2 cuil. à soupe de crème Chantilly** • **3 cuil. à soupe de kirsch**

1. Faites tremper la gélatine dans un bol d'eau froide.
2. Faites fondre la gelée de groseille dans une petite casserole. Ajoutez le kirsch et la gélatine égouttée. Mélangez jusqu'à ce qu'elle soit fondue. Versez le tout sur le coulis de fraises et de framboises.
3. Battez les blancs d'oeufs en neige ferme. Incorporez la crème Chantilly, puis les blancs d'oeufs à la préparation aux fruits. Versez dans un moule cannelé et laissez prendre 6 h au réfrigérateur.
4. Pour servir, trempez le moule 10 secondes dans de l'eau chaude et retournez-le sur un plat.

PANETTONE À LA MOUSSE D'ANANAS

Pour 4 personnes
Préparation et cuisson : 25 min
Réfrigération : 4 ou 5 h
Une portion contient environ : 200 kcal
Protides : 4 g • Lipides : 8 g • Glucides : 26 g

1 disque de panettone de 1,5 cm d'épaisseur •
5 tranches d'ananas • **2 grosses pommes** •
1 barquette de framboises • **4 cuil. à soupe de
crème Chantilly** • **2 feuilles de gélatine** • **2 cuil.
à soupe de kirsch ou de marasquin** • **2 cuil. à
soupe de sucre**

1. Faites tremper la gélatine dans un bol
d'eau froide.
2. Épluchez les pommes, coupez-les en lamelles
et faites-les cuire dans une casserole avec un
peu d'eau pendant 10 min à couvert. Égouttez
la gélatine et incorporez-la aux pommes chau-
des. Passez les pommes au robot avec trois tranches d'ananas jusqu'à ce que vous obteniez une
purée. Laissez refroidir.
3. Mettez le panettone sur un plat et entou-
rez-le d'un cercle à flan.
4. Mélangez l'alcool avec le sucre et 3 cuillerées
à soupe d'eau. Aspergez-en le panettone. Ajoutez la crème Chantilly à la compote de pommes
et d'ananas et couvrez-en le panettone. Coupez
deux rondelles d'ananas en petits morceaux et
parsemez-en la compote. Laissez prendre 4 ou
5 h au réfrigérateur.
5. Pour servir, ôtez le cercle à flan et décorez
avec les framboises.

CONSEIL : *Si vous n'avez pas de cercle à flan,
mettez le panettone dans un moule à manqué
de la taille du gâteau (environ 20 cm), tapissé
d'une feuille de film plastique, en laissant dé-
border celle-ci tout autour. Pour servir, sortez le
dessert en vous aidant du film plastique.*

BAVAROIS BRÉSILIEN

Pour 4 à 6 personnes
Préparation et cuisson : 15 min •
Réfrigération : 6 h
Une portion contient environ : 341 kcal
Protides : 4 g • Lipides : 25 g • Glucides : 25 g

30 cl de crème anglaise • **75 g de chocolat noir** •
20 cl de crème Chantilly • **2 cuil. à café d'extrait**
de café • **3 feuilles de gélatine**

1. Faites tremper la gélatine dans un bol d'eau froide.
2. Dans une casserole, faites tiédir la moitié de la crème anglaise. Ajoutez le chocolat, laissez fondre à feu doux, mélangez, et incorporez la gélatine égouttée.
3. Ajouter alors l'extrait de café et le reste de la crème anglaise, puis la crème Chantilly en mélangeant délicatement.
4. Versez la préparation dans un moule de 75 cl de contenance et laissez prendre le bavarois 6 h au réfrigérateur.
5. Pour servir, trempez le moule pendant 10 secondes dans de l'eau tiède et retournez-le sur un plat.

MOKANOIX

Pour 4 personnes
Préparation et cuisson : 15 min ·
Réfrigération : 1 h
Une portion contient environ : 1120 kcal
Protides : 9 g · Lipides : 77 g · Glucides : 90 g

16 boudoirs · **2 jaunes d'œufs** · **100 g de cerneaux de noix** · **150 g de beurre mou** · **1 cuil. à soupe d'essence de café** · **150 g de sucre** · POUR LE SIROP : **3 cuil. à soupe de whisky** · **1 cuil. à soupe d'essence de café** · **1 cuil. à soupe de sucre** · POUR LA SAUCE : **200 g de chocolat noir** · **2 cuil. à soupe de crème**

1. Mettez le beurre, le sucre, les jaunes d'œufs et l'essence de café dans le bol du robot et faites fonctionner l'appareil jusqu'à ce que vous obteniez une crème homogène. Ajoutez peu à peu les noix tout en continuant à faire fonctionner le robot pour que les cerneaux soient juste hachés grossièrement.

2. Pour le sirop : mélangez l'essence de café, le whisky, le sucre et 4 cuillerées à soupe d'eau.

3. Trempez la moitié des biscuits, face non sucrée, dans le sirop et rangez-les les uns à côté des autres dans un moule rectangulaire ou un bac à glaçons métallique, face sucrée contre le fond. Recouvrez-les avec la moitié de la crème aux noix. Rangez par-dessus le reste des biscuits trempés dans le sirop au café et terminez par le reste de la crème. Laissez reposer 1 h au moins au réfrigérateur.

4. Pour servir, retournez le moule sur un plat. Préparez la sauce au chocolat : faites fondre le chocolat avec 2 cuillerées à soupe d'eau, puis ajoutez la crème. Faites-en couler un peu sur le mokanoix et servez le reste en saucière.

VARIANTE : *Vous pouvez remplacer la sauce au chocolat par de la crème anglaise parfumée au whisky, au café ou au caramel.*

ICEBERG DORÉ

Pour 4 personnes
Préparation et cuisson : 15 min •
Réfrigération : 2 h
Une portion contient environ : 92 kcal
Protides : 3 g • Lipides : 0 g • Glucides : 15 g

3 blancs d'œufs • **200 g de coulis d'abricots** •
1 1/2 cuil. à soupe de caramel liquide • **1 feuille**
de gélatine • **huile pour le moule** • **20 g de sucre**

1. Mettez la gélatine à tremper dans de l'eau froide pendant 5 min.

2. Faites tiédir 1 cuillerée à soupe d'eau dans une tasse au bain-marie. Égouttez la gélatine, puis ajoutez-la dans la tasse et laissez-la fondre doucement.

3. Battez les blancs d'œufs en neige ferme. In-corporez-y le sucre en continuant à fouetter, puis la gélatine tiède.

4. Incorporez alors le caramel à la prépara-tion.

5. Huilez un moule cannelé ou une jatte, puis versez-y la neige et laissez-la prendre pen-dant 2 h au réfrigérateur.

6. Pour servir, démoulez l'iceberg sur un com-potier et servez avec le coulis d'abricots.

CHARLOTTE AUX FRAISES

Pour 4 personnes
Préparation et cuisson : 30 min •
Réfrigération : 6 h
Une portion contient environ : 315 kcal
Protides : 3 g • Lipides : 15 g • Glucides : 42 g

16 biscuits à la cuiller • **500 g de fraises** • **3 cuil. à soupe l'alcool de framboise** • **175 g de crème fouettée non sucrée** • **4 feuilles de gélatine** • **75 g de sucre glace**

1. Mettez la gélatine à tremper dans un bol d'eau froide.
2. Lavez les fraises et équeutez-les. Réservez-en 4 ou 5 pour la décoration. Passez le reste au robot avec le sucre glace. Passez éventuellement la purée au tamis pour supprimer les petits pépins.

3. Faites tiédir l'alcool dans une petite casserole. Ajoutez la gélatine égouttée et faites-la fondre en remuant sur feu très doux. Incorporez cette préparation à la purée de fraises, ainsi que la crème fouettée. Mettez au réfrigérateur.
4. Couvrez le fond d'un petit moule à soufflé de 15 cm de diamètre d'une feuille d'aluminium. Tapissez le fond et la paroi du moule de biscuits à la cuiller en recoupant ceux-ci à la hauteur du moule.
5. Versez la mousse aux fraises dans le moule. Couvrez d'une assiette surmontée d'un poids pour tasser les biscuits. Laissez prendre 6 h au moins au réfrigérateur.
6. Démoulez la charlotte sur un plat et décorez avec les fraises réservées.

TABLE DES RECETTES

	FACILITÉ	RAPIDITÉ	PRIX	CALORIES	PAGE
EXPRESS - ENTRÉES					
Betterave au saumon fumé	très facile	10 min	raisonnable	241	12
Bouchées marinière	facile	20 min	cher	546	12
Poireaux sauce mousseline	facile	20 min	bon marché	314	12
Salade de céleri comtoise	très facile	15 min	bon marché	240	10
Salade de moules à la béarnaise	très facile	10 min	raisonnable	268	10
Salade verte, blanche et rose	très facile	35 min	raisonnable	134	10
EXPRESS - POISSONS	**FACILITÉ**	**RAPIDITÉ**	**PRIX**	**CALORIES**	**PAGE**
Colin poché sauce mousseuse	facile	15 min	raisonnable	349	20
Coquilles Saint-Jacques aux pleurotes	très facile	25 min	cher	385	14
Filets de daurade sauce crabe	facile	15 min	raisonnable	329	15
Haddock à la crème de poireaux	très facile	20 min	raisonnable	379	18
Maquereaux grillés sauce rubis	facile	25 min	bon marché	367	20
Mulet à l'oseille	très facile	25 min	bon marché	421	22
Poisson au curry en couronne	facile	30 min	raisonnable	686	23
Raie à la moutarde à l'ancienne	très facile	25 min	raisonnable	354	16
Roussette à la bisque de homard	très facile	20 min	raisonnable	280	20
Saumon grillé coulis corail	facile	40 min	raisonnable	437	19
Truites au beurre et au fenouil	facile	20 min	raisonnable	423	17
EXPRESS - VIANDES ET VOLAILLES	**FACILITÉ**	**RAPIDITÉ**	**PRIX**	**CALORIES**	**PAGE**
Blancs de poulet à la texane	facile	20 min	bon marché	416	26
Carré d'agneau grillé	très facile	30 min	raisonnable	578	29
Cuisses de poulet au gratin	très facile	35 min	bon marché	312	26
Échine de porc au parmesan	facile	35 min	raisonnable	441	26
Escalopes cordon bleu	facile	20 min	cher	437	28
Filets de canard à la mangue	facile	25 min	raisonnable	638	25
Filets de canard aux pêches flambées	facile	30 min	raisonnable	440	24
EXPRESS - LÉGUMES	**FACILITÉ**	**RAPIDITÉ**	**PRIX**	**CALORIES**	**PAGE**
Courgettes à la crème	très facile	30 min	bon marché	192	30
Courgettes au parmesan	facile	25 min	bon marché	134	30
Épinards à l'indienne	facile	30 min	bon marché	256	32
Galette ardéchoise	facile	30 min	bon marché	320	30

	FACILITÉ	RAPIDITÉ	PRIX	CALORIES	PAGE
Gratin de salsifis	très facile	30 min	bon marché	309	32
Mousseline de petits pois	très facile	5 min	bon marché	93	32
Purée de papayes au curry	très facile	25 min	cher	66	34
Purée du maraîcher	très facile	20 min	bon marché	76	34
Tartelettes de légumes	facile	25 min	bon marché	163	34
EXPRESS - PLATS COMPLETS	**FACILITÉ**	**RAPIDITÉ**	**PRIX**	**CALORIES**	**PAGE**
Œufs pochés châtelaine	difficile	20 min	raisonnable	339	37
Pizza maison	facile	35 min	raisonnable	588	39
Pommes de terre à la savoyarde	facile	45 min	raisonnable	606	38
Tagliatelles au saumon fumé	très facile	10 min	raisonnable	469	36
EXPRESS - DESSERTS	**FACILITÉ**	**RAPIDITÉ**	**PRIX**	**CALORIES**	**PAGE**
Crème mousseuse au caramel	difficile	20 min	bon marché	248	44
Crème mousseuse aux fruits	très facile	10 min	raisonnable	247	42
Dessert de Florence	très facile	10 min	bon marché	493	40
Figues glacées au coulis de framboises	très facile	10 min	raisonnable	300	40
Gratin d'abricots amandine	très facile	35 min	raisonnable	558	40
Marasquinade	très facile	10 min	raisonnable	450	46
Melons farcis	très facile	15 min	raisonnable	88	46
Neige aux fruits	facile	10 min	raisonnable	152	46
Profiteroles Belle Hélène	très facile	15 min	raisonnable	500	42
Tarte antillaise	facile	40 min	raisonnable	700	45
Tarte aux pêches à la crème d'amande	très facile	40 min	bon marché	642	42
À PRÉPARER À L'AVANCE - ENTRÉES	**FACILITÉ**	**RAPIDITÉ**	**PRIX**	**CALORIES**	**PAGE**
Charlotte au fromage blanc	facile	20 min	raisonnable	105	49
Rillettes aux deux saumons	facile	20 min	cher	235	48
À PRÉPARER À L'AVANCE - POISSONS	**FACILITÉ**	**RAPIDITÉ**	**PRIX**	**CALORIES**	**PAGE**
Colin rose	très facile	25 min	bon marché	212	50
Concombre au saumon	facile	20 min	raisonnable	237	53
Crème de morue	facile	30 min	bon marché	445	52
Saumon mariné grillé	facile	25 min	raisonnable	432	51
À PRÉPARER À L'AVANCE - DESSERTS	**FACILITÉ**	**RAPIDITÉ**	**PRIX**	**CALORIES**	**PAGE**
Bavarois brésilien	facile	15 min	raisonnable	341	58

	FACILITÉ	RAPIDITÉ	PRIX	CALORIES	PAGE
Biscuit glacé	très facile	10 min	bon marché	270	54
Charlotte aux fraises	facile	30 min	raisonnable	315	61
Iceberg doré	très facile	15 min	bon marché	92	60
La châtaigne	très facile	15 min	raisonnable	292	54
Mokanoix	très facile	15 min	raisonnable	1120	59
Mousse de fruits rouges	facile	15 min	raisonnable	209	56
Panettone à la mousse d'ananas	facile	25 min	raisonnable	200	57
Truffe géante	facile	10 min	raisonnable	268	54

Dans la colonne rapidité, les temps de préparation et de cuisson sont additionnés.
Les temps de marinade, de réfrigération, de trempage et de repos ne sont pas compris.

© 1996, Hachette Livre (Hachette Pratique), Paris.
Tous droits de traduction, d'adaptation et de reproduction totale ou partielle, pour quelque usage,
par quelque moyen que ce soit, réservés pour tous pays.
Le contenu des annonces publicitaires insérées dans cet ouvrage n'engage en rien la responsabilité de l'éditeur.
Pour tout renseignement commercial, contacter Sophie Augereau au 01 43 92 36 82

RÉALISATION : LITTLE BIG MAN, CÉLINE CHESNET
CONCEPTION GRAPHIQUE : GUYLAINE ET CHRISTOPHE MOI
STYLISME : FABIENNE CARDONNE
RÉALISATION DE LA MAQUETTE : MCP

Dépôt légal : 19721 - mars 2002
N° éditeur : OF24092
ISBN : 2.01620679.9
62.62.0679.04.1
Impression : Canale, Turin (Italie)